꽃망울 떨어질라

꽃망울 떨어질라

박갑순 수필집

신아출판사

책을 내며

내 스스로 부끄러운 짓을 했다.

멋모르고 문단에 발을 들인 지 17년이다. 그 긴 세월 동안 충그리다가 이제야 첫 작품집을 내는 일도 부끄럽지만, 만천하에 발가숭이가 되는 것이 더욱 부끄럽다. 그럼에도 거침없이 용기를 내었다.

너무 오래 묵어가는 글들이 염려스러웠고, 몇 차례의 인생 굴곡을 건넜지만, 쉰 살 들어 뜻밖에 맞은 생사의 갈림길에서 한번은 정리해야 할 필요성을 느꼈다.

팔순의 어머니도 갈수록 건강이 좋지 않다. 그분 살아계실 적에 아직 서툴기는 하지만 불효하는 딸이 한 땀 한 땀 정성들여 지은 새 옷 한 벌 입혀 환한 기쁨을 선사하고 싶었다.

허둥지둥 살면서 자꾸만 나태해지는 작품 활동에 끊임없이 채찍을 가하고 좋은 글을 쓰도록 이끌어주신 선생님과 나를 아끼는 많은 문우, 지인들에게 감사드린다.

내놓을 것 없는 엄마지만 '엄마가 내 엄마여서 자랑스럽다.' 는 아들과 무조건 엄마만을 염려하고 따르는 딸과 가족들에게도 고마운 마음 전한다.

무엇보다 이 책을 끝까지 읽어줄 독자들께 깊은 감사를 드린다.

2015. 9.

저자 박 갑 순

목차

제 3 부

풍　등

제 4 부

하얗게 웃는 법

제1부

전주천 갈대에게

웃음꽃

● 출근길 노란 버스를 만났다. 여자 운전자가 저만큼 앞에서 기다리고 있는 어린아이를 발견하고 차를 멈춘다. 어서 건너오라고 손짓하며 해맑게 웃는 모습이 한 송이 꽃 같다. 아이가 총총 걸어서 노란 버스를 탄다. 아이를 태우고 암탉처럼 뒤뚱거리며 지나가는 차를 한참 동안 바라본다. 어느새 입가에 꽃향기 퍼지듯 노란 웃음꽃이 피어난다. 선한 웃음의 강한 파급력이리라.

최근 주말이면 고속버스를 타고 상경하는 일이 잦다. 정안 휴게소에는 통기타를 치면서 맑은 목소리로 7080세대가 좋아하는 노래를 부르는 무명 가수가 있다. 무대 앞에는 초록우산 어린이

재단 모금함이 놓여 있다. 호두과자 한 봉지 먹고 싶은 맘을 누르고 그 액수만큼이라도 넣고 싶은데 용기가 없다. 모금함에 다가가는 발길이 많다면 자연스레 그 무리에 휩쓸릴 수 있으련만. 호두과자와 아메리카노 한 잔씩 든 많은 손들이 무심히 그 앞을 지나친다. 오늘도 용기 없는 발길을 돌리고 말았다.

차에 올라서도 마음이 개운치 않다. 용기 없는 자신이 한심하다. 옆으로 스치는 풍경도 시큰둥하다. 고개를 흔들어 기분을 바꾸려 애를 쓰다가 산기슭에 핀 한 송이 꽃을 발견한다. 달리는 버스 안에까지 그 향기가 풍겨 오는 듯하다. 환한 미소가 보인다. 아침에 만난 그 웃음꽃이다. 그녀에게서 받은 해맑은 웃음. 그녀는 내게 웃음을 기부한 것이다.

나는 사진 찍는 것을 좋아한다. 사진 속의 나는 천편일률적으로 웃고 있다. 초등학교 수업시간에 보조개에 대한 설명을 하던 담임선생님께서 나의 보조개를 찾아주었다. 웃을 때만 살짝 보이는 볼우물. 그 후로 나는 많이 웃는 사람이 되었다. 웃는 모습이 가장 예쁘다니 어찌 웃지 않으랴.

길을 가다 만난 외국인들은 눈이 마주칠 때 하나같이 웃음을 선사한다. 누구인지 몰라도 그냥 반갑게 웃어준다. 구레나룻이 멋스럽게 난 노신사건, 뱃살이 퉁퉁한 젊은 여성이건 그들은 몸에 밴 자연스런 웃음꽃을 나눈다. 그들을 대하면 자연스레 웃음이 나온다. 거울처럼 마주보며 웃으니 어색할 것도 없다.

태교할 때 좋은 음악을 듣고 좋은 책을 읽어주는 것은 고전이다. 이제는 웃음소리를 들려주는 것이 어떨까. 엄마의 뱃속에서부터 웃는 것을 익힌다면 화난 사람처럼 굳은 표정으로 스치는 이웃을 보기는 그리 쉽지 않으리라. 아기는 태어나 3개월이면 눈을 맞출 수 있다고 한다. 엄마의 웃음이 망막에 잡히면 아기는 웃음으로 반응한다. 찡그린 얼굴을 보고는 그만 울음을 터뜨린다. 갓난아기도 따라할 수 있는 쉽고 편한 웃음을 아끼고 사는 우리들은 아닌지.

최근엔 웃음이 아픈 마음을 치유하는 기재로도 사용된다. 웃을 일이 있어서 웃는 게 아니라 웃다 보니 웃을 일이 생긴다고도 한다. 어떤 사소한 물품들도 자본 없이 생산할 수 없지만 웃음은 자본 안 들이고 만들 수 있을 뿐더러 수요와 공급의 법칙에서도 예외다. 무수히 만들어도 과잉공급이라 탓하지 않고, 설령 소비하지 않아도 적채되지 않는다. 아낌없이 사용해야 하는 것이 웃음 아닐까.

많은 꽃들 중 웃음꽃보다 아름다운 꽃이 있을까? 소심한 성격 탓에, 적은 액수라는 생각에 선뜻 나누지 못하는 나지만 내겐 웃음꽃이 있다. 매순간 누구에게라도 환한 웃음을 나누리라. 무례하게 운전하는 사람을 만나도, 무단 횡단하는 사람 때문에 급정거를 해야 할 때도, 그 운전자처럼 먼저 웃어 주리라. 초록 나무들로 가득한 저 산처럼 온 세상이 웃음꽃 만발했으면 좋겠다.

그에게 묻다

● 공원길을 걷습니다. 검정 모자를 쓰고 푸른색 마스크를 하고 두툼한 외투에 목도리까지 완전무장을 했습니다.

6개월여 저녁 굶어 가며 뺀 살 다시 오르지 않게 걸어야 합니다. 가로등 불빛에 언 몸을 녹이는 나무들이 보입니다. 나무는 나무끼리 별은 별끼리 온기를 나누고 있습니다. 등줄기로 후끈한 기운이 쑤욱 올라옵니다. 보폭이 줄어듭니다. 종아리가 조금 무겁게 당깁니다. 귓불을 확 훑고 가는 바람이 시원합니다. 그때 공원 둘레를 따라 앉은 벤치가 보입니다.

아무도 앉아 있지 않은 벤치. 종일 그 자리에서 마음 무거운 사람 몇에게 든든한 다리를 내어주었을까요. 다리 아프고 힘겨울 때면 언제든 앉아 쉬라고 벤치는 무작정 기다리고 있습니다. 밤새 저렇게 있을 것만 같습니다.

농익은 겨울밤, 찬바람 한 줄기 살짝 엉덩이만 걸쳤다 이내 달아납니다. 언젠가 집 없는 고양이도 폴짝 올라앉았던 벤치. 좀 더 걷다가 나도 벤치에게 다가가 앉아볼까 합니다. 학비 걱정에 대학 복학 문제를 놓고 갈등하는 아들 녀석에게 부모로서 아무 걱정하지 말고 공부만 하라는 말을 못 해주는 마음은 어느 벤치에 올려놓을까요? 이런 맘을 내려놓아도 벤치는 좋아할까요?

정답게 대화하며 걷는 부부가 있습니다. 옆으로 나란히 걷다가 좁은 길목이나 마주 오는 사람을 만나면 앞뒤로 걷습니다. 장애물에 갈라져서 한 사람은 왼쪽으로 다른 사람은 오른쪽으로 돌다가 원 한 바퀴를 돌 무렵 마주하면 둘은 손바닥을 마주치고 갑니다. 저 부부도 벤치가 필요하겠지요.

딸내미도 등록금 걱정에 대학 휴학을 했습니다. 고 녀석에게도 엄마로서 학비 걱정일랑 접어두고 너의 앞날 개척하는 일에만 신경 쓰라는 말을 해주지 못하는 이 마음은 어느 벤치에 내려놓을까요?

신춘문예에 응모할 만큼은 아니어도 한두 명의 독자에게라도 따뜻하게 다가가고 잔잔한 감동을 줄 수 있는 글 한 줄 써지지 않는 고뇌에 찬 마음을 내려놓아도 벤치는 받아줄까요? 속이 좁아서 누구의 비난도 소화하지 못하고, 속에서 금세 토라지는 이 마음도 괜찮을까요? 인간관계에서 거리 조절을 못해서 늘 상처입고 혼자서 어찌할 바를 모르는 이 못난 속내를 내려놓아도 괜찮을까요?

시골에서 평생 독한 약을 드시면서 사는 울 엄마, 올겨울은 제발 감기란 놈에게 패하지 않고 잘 견디어 주기를 바라는 간절한 기도를 올릴 수 있도록 벤치는 잠시 몸을 빌려주겠지요.

다리가 서서히 팍팍해옵니다. 걸을 만큼 걸었다는 증거입니다. 하늘의 별들이 내려와서 벤치에서 놉니다. 달도 따라 내려왔네요. 운동하던 사람들은 이미 들어가버렸습니다. 물론 그들이 들어갈 때까지 기다렸지요. 그러니 한두 바퀴는 평소보다 더 걸었지요. 별 사이를 비집고 엉덩이를 살짝 걸쳐봅니다.

온종일 걸어온 내 생활이 쭈욱 영상처럼 펼쳐집니다. 종종걸음쳤던 조바심들이 이제야 평화로워집니다. 고단한 다리 쉬게 해주는 벤치처럼 내 복잡한 맘 부릴 벤치 하나 찾기 위해 오늘도 종일 서성거렸는지 모릅니다. 한참을 별과 달 생각하며 앉았습니다. 가만히 일어나 바라봅니다.

그는 밤새 혼자 하늘을 지키겠지요. 누구라도 편히 쉬어갈 수 있는 안락의자가 되기 위해 기원하고 있을 겁니다. 비록 딱딱한 나무 조각 몇 개 이어 만들어진 몸이지만, 고단한 사람들에게 내어주는 마음은 솜털구름이겠지요.

내일도 또 내일도 이렇게 품 넓은 벤치 주변을 걷다 보면 나의 속내도 조금은 넓어지겠지요. 어서 오늘과 작별하고 새로운 내일을 맞이하렵니다.

강아지

●모처럼 퇴근길 발걸음이 참 가볍다. 가을의 뒷모습이 보이기 시작한 지 여러 날이 되었지 싶은, 조금은 싸늘한 한기가 퇴근하는 발길을 재촉한다.

여고동창생 셋이서 적어도 1주에 한 번씩은 만나곤 했는데 한동안 뜸했다. 동창회라는 거창한 명분이 아니어도 늘 학창 시절의 친구를 가까이할 수 있다는 점이 인생의 쓸쓸함을 맛볼 수 있는 40대를 무사히 견뎌내게 한다. 생일이 돌아오면 셋이서 선물을 나누고 저녁식사를 하는 게 불문율이 된 지도 10년이 넘었다.

이틀 후면 생일인 친구가 저녁을 사겠다고 호출했다. 학교를 졸업하고부터 지금까지 불과 몇 년 휴직한 걸 제외하곤 셋 모두가 직장생활을 하는 관계로 퇴근하고 저녁식사를 하는 일이 그래도 가장 무난한 시간인 우리들이다. 중간 지점에서 모이기로 했다.

평소 걷기를 좋아하는 나는 운동 삼아 걸어가기로 했다. 해가 짧아져서인지 6시면 벌써 어둠이 짙게 내려앉는다. 대로변에 떨어진 은행잎들의 색깔이 초저녁 어스름을 흠씬 마셔서인지 희끄무레하다. 어느 결에 여문 은행알맹이가 발아래서 또르륵 구르기도 하고, 어쩌다 발에 밟히면 역한 냄새가 올라오기도 한다. 오늘은 퇴근길 밀리는 차량들의 경적소리가 행진곡처럼 들린다. 걷는 사람들은 그다지 많지 않지만 퇴근길 허기짐의 표현인지 속도를 내며 달리는 차량들에 의해 폴폴 날아오르는 은행잎들이 혼자 걷는 발걸음을 외롭지 않게 한다. 학생회관 건물을 지나고 교육청을 지나 우성아파트 앞을 지난다.

한참을 그렇게 걷고 있는데 느낌이 이상하다. 뭔가 자꾸 발길에 차이는 것 같다. 살펴보니 예쁜, 그러나 조금은 지저분한 애완견이다. 평소 애완견을 기르는 일에 대해 관심이 없던 터라 무슨 종인지는 모르겠다. 한참 된 것 같은데 계속 나를 따라온다. 킁킁거리며. 내 바짓가랑이에 코를 대보기도 하고 다른 행인의 곁에 가서 코를 들이대기도 한다.

설마 나를 따라오는 것은 아니겠지. 주인이랑 함께 오고 있을 거야. 그러면서도 왠지 강아지가 조금 뒤처지면 자꾸 신경이 쓰인다. 따라오나 안 오나. 계속 따라오면 어찌할 것인가 대책도 없으면서. 만약 주인 없는, 길 잃은 개라고 하더라도 내가 데려다 기를 환경도 못 되면서 어쩌자고 계속 따라오기를 바라는 건지 나도 모르겠다.

한 번도 뒤돌아 엄마한테 가라는 소리를 하지 않았다. 아니 그 생각조차 못했다. 가끔 이 애가 따라오나 안 오나 살피면서 그냥 걸었다. 왠지 어둔 길을 걸으면서 그 애가 동행자 같은 느낌이 들었다. 한참을 걷다가 뒤돌아보니 보이지 않는다. 살짝 뒤로 가 보니 좁은 골목으로 킁킁거리며 간다. 자기 집을 찾은 게로구나. 나를 따라온 게 아니라 자기 집 방향으로 내가 갔던 게로구나. 괜히 내가 좋아서 강아지가 따라온 줄 알고 흡족해했던 자신이 부끄러웠다. 아니 그런데 강아지가 다시 따라오는 것이 아닌가. 그럼 진짜로 길을 잃었단 말인가? 아니면 내 체취가 집 주인의 체취와 같았던 걸까?

친구들과 만나기로 한 약속 장소가 가까워질수록 걱정이 앞선다. 이 아이를 어찌할 것인가? 그렇다고 택시에 태워 함께 갈 수도 없고 그냥 두고 가자니 차들이 두렵고, 걱정이 되었다.

약속한 장소에 도착했다. 친구들에게 강아지 이야기를 했다. 한 친구는 대뜸 소리친다. "얘, 어서 가. 네 엄마에게 가야지?" 계속 뒤쫓아 오던 강아지가 거짓말처럼 엄마 찾아가는 행동을 한다. 나도 진작 엄마한테 가! 라고 고함을 한 번 칠 것을 그랬나 보다. 그랬더라면 저 아이가 돌아가는 길이 멀지 않을 수도 있을 텐데. 그런데 돌아서 가는 것 같던 강아지가 다시 내 쪽으로 오는 것이다. 친구들은 그냥 얼른 횡단보도를 건너자 한다. 그러면 강아지가 도로를 건널 수 없으니 다시 돌아갈 것이라고. 저녁식사 장소까지는 이제 택시를 타고 가야 하는데 그냥 친구들에게 저녁식사 할 장소까지 걸어가자고 할까? 거기까지 따라와도 어찌할 수 있는 것도 아니면서 그 애를 그냥 버리고 갈 수는 없을 것 같다.

한 친구가 또 소리친다.

"야, 너 엄마 찾아 가!"

신호등 불이 초록불로 바뀌었다. 친구가 내 손을 잡아끌고 빠르게 건넜다. 자꾸 뒤돌아보아지는 내 마음을 질질 끌며 억지로 길을 건넌 후 건너편을 바라보니 그 강아지는 발만 구르다가 갈지자걸음으로 돌아가는 모습이 멀리서 보였다.

문득 1년 전쯤 주택에서 아파트로 이사를 하면서 발바리를 버렸던 일이 생각난다. 그 발바리 이름은 '곰돌이' 였다. 죽 아파트에서만 생활하다가 주택으로 이사를 하면서부터 아이들이 강아지를 기르고 싶다고 졸랐다. 애완견을 구하려니 가격이 만만치도 않을 뿐더러 아무래도 강아지를 잘 기를 수 있을 것 같지가 않았다. 그렇다고 아이들이 게으름을 부리면 대신할 자신도 없다. 그러니 더욱 값비싼 애완견을 구할 이유가 없다. 그러나 줄기차게 강아지를 기르고 싶다고 조르는 아이들의 마음을 외면할 수만은 없다. 주변 사람들에게 주택이라서 애완견이 아니어도 작은 개는 기를 수 있을 것 같으니 한 마리 구해달라고 부탁했다. 한 달 후, 늘 친자매처럼 지내는 언니가 시댁에서 강아지가 새끼를 낳았다며 한 마리 데려왔다. 아주 귀여운 발바리였다. 한동안 아이들이 신경을 제법 쓰더니 나중에는 그 강아지 변을 치우는 일, 청소하는 일 등이 모두 내 일이 되었다. 가뜩이나 강아지를 좋아하지 않는 내게는 짜증스런 일과 중 하나였으나 출퇴근길을 배웅하고 맞아주는 발바리에게 점점 정이 들었다.

어렴풋하게 들리는 발자국 소리만으로도 주인을 알아보는 곰돌이는 여간 영리한 게 아니었다. 그렇게 1년 이상을 한 가족이 되어 살았다. 그런데 다시 아파트로 이사를 하게 된 것이다. 이삿날은 다가오는데 곰돌이를 맡아주겠다는 사람이 없었다. 시골집에 데려다 주려고 했더니 연로한 어머니도 신경 쓰는 거 힘들다 하고 주변 지인들에게 도움을 청해도 이래저래 사정이 있어 안 되겠다고 하니 난감했다. 어찌해야 하나? 며칠을 고민했다. 이사 가면서 강아지 집에 한동안 먹을 밥과 물을 넣어 주고 그냥 이 집에 놓고 갈까? 아니면 그냥 목줄을 풀어 대문을 열어 놓고 가고 싶은 데로 가게 할까? 그러나 곰돌이의 얼굴을 보니 차마 그럴 용기도 나지 않았다.

그렇게 하루 이틀 시간이 가니 맘은 더욱 초조해졌다. 이사하기 며칠 전 이사 들어갈 집에 갔더니 도배를 하고 있었다. 거기서 일하는 분들께 우연히 곰돌이 이야기를 하게 되었다. 그랬더니 자신의 친정집에 데려다 주면 아마도 잘 기를 거란다. 잘되었다 싶어 서둘러 집으로 내려갔다.

곰돌이를 데리고 가려고 대문을 열었다. 곰돌이는 자기와 이별을 준비하고 있는 주인의 야속한 속마음도 모르고 좋아라 앞장서 나갔다. 그런데 내가 원하는 방향으로 가는 게 아니고 아파트 가는 방향 옆 골목길로 접어들었다. 그 골목 끝 집에는 곰돌이와 비슷한 또래의 개가 있는 것이다. 삥긋이 열린 대문 틈으로 곰돌이는 좋아라 들어갔다.

난 순간적으로 생각했다. 곰돌이를 아파트까지 데리고 가는 일도 쉬운 일은 아니고, 곰돌이에게도 자기 또래의 강아지가 있는 집에서 외롭지 않게 잘 사는 것도 좋지 않을까? 강아지를 아끼고 기르는 집이면 우리 곰돌이도 사랑하고 잘 길러 주겠지. 한참을 밖에 서 있었다. 아무 소리가 없다. 주인도 남모르는 강아지가 왔나 싶으면 쫓아내기라도 할 터인데 아무 말이 없었다. 잘 기르리라 생각하며 뒷걸음질로 왔다.

집에 오니 그동안 정이 듬뿍 든 딸아이가 강아지 어디 있느냐고 물었다. 이사 갈 집에서 도배하는 분들이 잘 길러 준다기에 데려다 주었다고, 그분이 시골에 데려다 줄 거라고, 잘 기를 분들 같더라고 거짓말을 했다.

며칠 동안은 마음이 많이 불안했다. 그 집에서 행여 홀대를 받지나 않는지. 혹시 그 집에서 쫓겨나지나 않았는지. 그래서 가끔 대문을 열어놓기도 하고 대문 밑으로 기어들어올 수 있도록 틈을 만들어 놓기도 했다. 그러나 우리가 이사할 때까지 곰돌이는 오지 않았다.

지금도 내가 버린 곰돌이가 어디서 잘 살고 있는지. 혹시 멍멍이 탕으로 사라지지는 않았는지. 가끔 잠을 자다가 가위눌림을 당할 때가 있다.

오늘 나를 따라왔던 강아지는 내 업보가 아니었을까? 혹시 내가 버린 강아지에 대한 죄 씻음을 할 기회였는지 모르는데. 난 거듭 죄를 짓고 말았다. 그 강아지는 어떻게 되었을까?

저녁 늦은 시간까지 분위기 있는 집에서 맛있는 음식을 먹으면서도 마음은 그 강아지의 행적에 가 있었다.

천사

●늦은 시간까지 부린 일이 없었기에 군말 없이 기다렸습니다. 그러나 새벽별이 돋아나는 하늘을 보고난 후 속이 보글보글 끓었습니다. 주인님의 건망증 때문에 이제 짜증이 머리끝까지 나려고 합니다. 눈이 충혈되도록 라이트를 켜둔 채이니 느긋하게 쉴 수도 없었습니다. 세상이 내 맘 같지 않다고 한숨만 푹푹 쉬던 주인님이 '마음 챙김' 이라는 평생교육원 강의를 듣는 날이었습니다. 오랜만에 뒤풀이를 한다고 엉덩이를 살짝 토닥이고는 춤추듯 갔었습니다.

주인님은 내가 인내심의 한계를 느낄 때에야 콧노래를 부르며 왔습니다. 투덜거릴 사이도 없이 아뿔싸! 취기 오른 주인님의 벌

건 얼굴이 하얗게 변해 소스라칩니다. 어떡해! 어떡하지? 안절부절못하는 주인님이 순간 가여웠습니다. 어찌할까 잠시 고민하더니 카 서비스를 신청하기 위해 핸드폰을 열더군요. 섬광처럼 문자가 떠올랐습니다. '라이트 켜졌습니다.' 발신번호 1004. 이 메시지를 제때 확인만 했더라도. 우리도 삶의 어느 순간에 나타났을지 모르는 많은 천사들을 알아차리지 못하고 살고 있는 것은 아닌지…….

내가 모시는 주인님은 두 번째입니다. 처음 주인은 온순하고 인정 많은 남자였지요. 첫 주인님은 12년 맺은 정 때문에 새 차로 바꾸면서 나와의 인연을 싹둑 끊을 수가 없어 자기 누나에게 보냈습니다. 연습용으로 쓰라고. 내 의사는 묻지 않고 말이죠. 우리 주인님은 참 운이 좋은 사람입니다. 주변에서 천사가 적시에 나타나곤 하니 말입니다. 이런 일도 있었습니다.

퇴근 후 지인들과 공연을 보기로 약속되어 있었지요. 출발하려는데 오랜만에 서울에 사는 친구에게서 전화가 옵니다. 한 손엔 휴대폰을 들고 한 손으론 차 문을 열려니 핸드백을 제 머리 위에 얹은 것입니다. 그런 일이 없었는데 이상하다 싶었지요.

문을 열고 앉더니 그냥 시동을 걸고 달렸습니다. 안 된다고 아무리 고함을 쳐도 평소 들리던 나의 거친 숨소리로만 생각했는지 아랑곳하지 않았습니다. 조금 달리니 가방이 툭 떨어져 나동그라졌습니다. 주인님은 속도 좋습니다. 그 속에 다수의 신용카드도 신분증도 비망록도 다 들어 있는데 어쩜 그렇게 태평하게 통화에만 열중하는지. 급기야 난 속이 타다 못해 시커먼 매연을 뿜어댔습니다. 그래봤자 주인님의 눈에 띌 수 없다는 사실을 알지만 저로서는 도리가 없었지요. 한없이 소리를 질렀습니다. 주인님! 주인님! 가방이…….

얼마만큼 달리다가 주인님은 또 길을 잘못 든 모양입니다. 지름길을 택한다는 것이 어느 병원 정문으로 진입해버렸습니다. 주차권을 빼고 통과한 후 다시 되돌아 나가야 하는 상황이었습니다. 그때서야 가방을 찾는 것입니다. 순식간에 얼굴이 노래졌습니다. 그런 모습은 2년 동안 본 적이 없었습니다. 차마 눈 뜨고 볼 수가 없었지요. 매연을 뿜어대고 소리만 칠 게 아니라 달리지 말았어야 했다는 때늦은 후회를 했습니다. 주인님의 심장 소리가 엔진소리보다 더 크게 나더니 한쪽에 저를 세우고는 몸 구석구석을 뒤지는 겁니다. 아무리 찾아도 있을 리가 없지 않겠어요? 잠시 생각에 잠기더니 여기저기 전화를 합니다. 회사에 남아 있는 직원에게 내가 서 있던 곳을 좀 살펴봐 달라, 혹시 책상 위에 가방이 있느냐 난리가 아닙니다.

한참 그러더니 저에게 다시 달리기를 강요하더군요. 채찍까지 휘두릅니다. 어서 달리라고. 가방 있는 곳으로 데려가라고. 갔던 길을 되짚어 오는 동안 주인님은 어느 정도 포기한 것 같았습니다. 자리에 앉아서 차분하게 카드 분실신고부터 하더군요. 모든 카드의 분실신고를 마칠 즈음 주인님의 휴대폰이 울려댑니다.

"엄마, 무슨 일 있어요?"

"왜?"

"아무 일 없어요? 어떤 사람이 엄마 핸드백을 집으로 가져왔어요."

반쯤 울먹이던 모습은 금세 사라지고 어린애처럼 방싯거렸습니다. 그날 저는 주인님의 기분을 맞추기 위해 휘파람을 불며 더 열심히 달렸습니다. 다음날 지인들은, 치매 초기니, 그동안 잘 살아와서 복 받았느니, 천사가 정말로 있는 모양이니 말들이 무성했습니다.

혹 곁에 계신 분이 천사인지 살펴보세요. 우리 주변에는 항상 천사가 있을 수 있고, 나 또한 누군가의 천사가 될 수 있다는 사실을 기억했으면 싶습니다. 참 제가 지금까지 한 말은 비밀입니다. 주인님이 알면 언제 폐차장으로 끌려갈지 모르니까요. 이제 안 한 척 잠이나 자야겠습니다.

값

●출근길에 허둥대다 계단에서 휴대폰을 떨어뜨렸다. 겉은 멀쩡한데 화면이 움직이질 않았다. 아침부터 늑장부린 값을 쫀쫀하게 치른다 싶었다.

사무실에서 보낸 한나절이 마치 암흑 같았다. 꼭 해야 할 전화도, 딱 기다리는 전화도 없었지만 그 답답함이라니. 급하게 점심식사를 하고 수리하는 곳으로 달렸다.

10년 전, 친정어머니가 심장수술을 받았다. 60평생 분 한 번 바르지 못하고, 농투성이로 살아온 분이다. 봄이면 씨 뿌리고, 여름이면 김매고, 가을이면 추수하고, 겨울이면 베 짜고 일 년 사시장철 일에 매달려 산 분이다. 그렇게 일을 해도 하루하루 먹고사는 일이 버거운 생활이었다. 자식들 학자금마저 마련할 수 없었다. 유사시를 대비하는 보험은 알지도 못했지만 설령 알았다 해도 언감생심의 처지였다.

원래부터 약하던 심장에 문제가 생겨 수술을 해야만 하는 상황이었다. 수술동의서에는 보호자가 조금이라도 안도할 수 있는 문구라곤 찾을 수가 없었다. 수술 결과는 50대 50. 살 수도 있고, 돌아가실 수도 있다는 거였다. 동의서에 도장 찍는 일보다 어머니를 설득하는 일이 더 큰 숙제였다.

수술을 안 하겠다고 버티는 어머니의 속내는 수술비 때문이었다. 그 큰돈을 들여 수술해서 꼭 산다는 보장도 없는데 괜히 자식들만 빚더미에 올라앉게 할 수는 없다는 고집이었다. 사실 일천여만 원에 이르는 수술비를 감당하는 일은 녹록하지 않았다. 그때 우리는 막냇동생의 목숨 값을 어머니 몰래 사용했다.

어머니 병세가 악화되기 몇 년 전 교통사고로 막냇동생을 잃었다. 동생은 내가 여상을 졸업하던 해 고등학교에 진학했고 난 동생의 학비를 감당했다. 자원 입대한 군복무를 마치고 취업을 위해 서울에 올라갔다가 사고를 당했다. 그때 받은 최소한의 보상금을 차마 쓰지 못하고 간직해 두었었다.

수술이 잘되어서 차츰 건강을 회복한 어머니는 알고 있었다. 막내아들 목숨 값으로 제2의 생명을 얻게 된 것을.

지금은 시골에서 혼자 사니 때론 식사도 거를 수 있고, 때론 몸

관리에 소홀할 수도 있을 테지만, 막내아들과 맞바꾼 생명이니 소홀히 살 수 없었던 것 같다. 수술할 때 병원에서 잘하면 5년, 좀 더 잘 관리하면 7년을 살 수 있다 했는데, 10년 넘게 잘 견디고 있다. 말씀은 하지 않지만, 동생의 목숨 값을 하기 위해 더욱 건강관리에 힘쓰리라. 막냇동생은 어머니 가슴에 못을 박고 떠났지만, 그 나름의 값을 한 것이다.

접수 대기표를 뽑아들고 기다렸다. 생각보다 빨리 순서가 되었다. 사정 이야기를 했더니 전원을 껐다가 다시 켜봤냐는 거다. 아뿔사, 난 왜 그 생각을 못했을까.

수리하는 시간은 지체되지 않았고, 수리비도 지불하지 않았다. 그러나 안도감보다 화가 치밀었다. 급히 먹은 점심, 오후 근무 시간에 맞추기 위해 서툰 솜씨로 한 곡예운전, 과속을 하며 허비한 기름, 모든 것들이 제값을 못한 것 같아 억울하기 그지없었다.

사무실에 들어오니 휴대폰 잘 고쳤느냐고 사장님이 물었다. 도저히 사실대로 말씀드릴 수가 없었다.

"어떤 선인가가 떨어져서 그것만 이어주던데요. 간단하더라고요."

어처구니없는 나의 무지를 덮기 위해 발칙한 거짓말을 했다. 지금 내가 거짓말로 순간을 모면한 값을 언젠가는 혹독하게 치러야 할 것이다.

내비게이션

장거리 운전할 일이 없다는 핑계로 내비게이션 구입을 미뤘다. 사실은 하나쯤 있으면 참 좋겠다는 생각 간절했지만, 없어도 사는 데 무리가 없는 삶에 만족했다.

지난가을, ㅈ읍 시골 우체국에서 작은 음악회가 있다는 연락을 받았다. 몇몇 지인들끼리 그곳에서 모이기로 했다. 동생에게 물려받은 12년 된 아반테로 시내를 벗어나는 일은 상당한 모험이지만, 반가운 얼굴들을 만나고 색다른 음악회를 볼 수 있다는 기대감에 퇴근하고 차를 진안 쪽으로 몰았다. 초행길이었다.

부슬부슬 비 내리는 초저녁, 어둠 또한 비와 경쟁이라도 하듯 서서히 내리기 시작했다. 어디가 어딘지 분간이 안 되었다. 나타

나는 이정표마다 꼼꼼히 살펴서 방향을 틀어도 제자리에서 빙빙 돌 뿐이었다. 혹 잘못 갔다가 엉뚱한 길로 빠질까 봐 더 이상 어쩌지 못해 전화를 했다. 설명해준 대로 방향을 잡아보지만 다시 막막했다. 어느 조그만 마을로 들어가 차를 세웠다. 지나는 사람에게 물으니 내비게이션 없냐는 말부터 했다. 이제는 시골길도 그의 도움을 받아야 갈 수 있는 모양이었다.

"과속 방지턱이 연이어 있으니 안전 운전하십시오."

출근길에 라디오 볼륨보다 조금 큰 내비게이션에서 나오는 똑 부러진 여인의 음성이다. 딸내미는 짜증이다. 저 소리 때문에 멀미가 더 난다나? 졸음도 쫓아주고 심심하지도 않고 얼마나 좋은데 그러냐고 한 마디 하면서도 입가엔 미소가 핀다. 어릴 적 너무나 갖고 싶었던 책가방을 얻었던 기분이랄까. 내심 내비게이션이 무척 갖고 싶었던 게다. 불혹의 나이를 넘어서도 소유욕은 줄지를 않는가 보다.

친언니처럼 잘 챙겨주는 언니가 최근에 차를 바꿨다. 시동생이 주었다며 장착해 다니던 내비게이션을 주겠다고 하더니, 새 차 인수한 날 바로 전화가 왔다. 퇴근 후 다른 볼일이 있었지만, 빨리 갖고 싶은 마음에 언니 집으로 내달렸다.

내비게이션은 내 든든한 안내자이다. 이제 대한민국 어디에도 갈 수 있다. 차를 한길에 세우고 우산 펴 들고 나가 지나는 사람

붙잡고 길을 묻는 일 따위는 없을 것이다. 내비게이션도 없냐고 무시하는 듯한 눈초리를 받을 일도 없다. 내 팍팍한 삶의 길에도 지름길을 미리미리 안내해주는 내비게이션이 있다면 얼마나 수월할까?

출판사에 입사한 지 1년쯤 지난 시점에 월간 《소년문학》 잡지의 편집장을 맡게 되었다. 전임자의 갑작스런 퇴사로, 예기치 못한 시점에서 맡겨진 일이었다. 어떻게 해야 할지 난감하고 막막했다. 초보 운전 때 안개 자욱한 밤길을 헤맸던 상황으로 내몰린 상태였다. 전임자가 해오던 것을 답습하면서 진행했지만, 왠지 석연치 않고 좀 더 잘하고 싶은 욕심만 앞섰다. 잘하는 것인지 못하는 것인지조차 판단이 서지 않았다. 누구에게 의논할 형편도 아니었다.

그러던 어느 날,

"안녕하세요? 편집장이지요? 나 도산중학교 김ㅊㅁ 선생인데요."

이웃집 아저씨같이 친근하고 편안한 목소리의 전화를 받았다. 그동안 《소년문학》과의 관계를 설명하면서 새롭게 맡은 《소년문학》 편집장으로서 어떻게 해야 좋은 잡지를 만들 수 있는지에 대해서 많은 말씀을 해주었다.

캄캄한 바다에서 조난당한 조각배에게 반짝이는 등댓불을 비

춰준 것이었다. 힘이 났다. 잘할 수 있을 것 같은, 열심히 하다가 어려움에 봉착했을 때, 조난신호를 보내면 언제든 길을 안내해 줄 것 같은 든든함이었다. 차에 장착만 하면 어디든 두려움 없이 운전하고 갈 수 있게 하는 내비게이션을 만난 것이다.

잡지를 하려면 훌륭한 작가들과 교류하면서 신뢰를 쌓아야 한다고 했다. 그리고 김ㅇㅇ 아동문학상 시상식에 꼭 오라는 초대장을 보내주었다. 문학의 마당 언저리에서 살아온 세월이었지만 아동문학에는 별 관심이 없었다. 내가 사는 고장의 아동문학가들과도 면식이 없는 처지였으니 내가 엮은 잡지가 얼마나 어설펐겠는가. 《소년문학》을 가져와서 인사하는 것이 좋겠다고 했다. 토요일 출근하자마자 《소년문학》 30여 권을 묶어서 들고 서울로 향했다.

행사장은 오붓했다. 김○○ 선생님의 뜻을 기리는 아동문학상 시상식장엔 김ㅊㅁ 선생님의 가족들이 나와서 다과를 준비하고 있었다. 식장에 들어서서 어찌할 바를 몰라 두리번거리는 나를 발견하자 선생님은 오랜만에 만난 여동생을 반기는 듯한 목소리로 인사했다. 전화 목소리로 인사를 나눈 덕분인지 처음 뵌 분 같지 않게 친숙했다. 식을 앞두고 바쁜 와중에서도 많은 아동문학가들에게 일일이 인사를 시켜주었다. 그날 참 많은 분들의 명함을 받고, 인사를 드렸다.

그동안 원고를 청탁하는 글을 올렸지만 회신을 받지 못했던 분들께서도 그날 이후 귀한 원고를 흔쾌히 보내주었다. 그 후로도 끊임없이 《소년문학》과 관련한 조언을 많이 주고, 사소한 것들도 잡지를 만드는 데 도움이 될 만한 것들은 꼭 챙겨주었다.

차에는 한 대의 내비게이션만 장착하면 되지만, 우리 인생사에는 더 많은 내비게이션이 있으면 더욱 좋을 것 같다. 잡지 일을 하는 데 있어서 내비게이션 역할을 해주는 분들이 많이 있다. 첫 번째 내비게이션은 김ㅊㅁ 교장 선생님이었다.

친구

●"저- 박, 갑, 순 씨인가요?"

"그렇습니다만……."

"나 강○○야. 기억날까?"

30여 년 만에 친구에게서 전화가 왔다.

고등학교 1학년 때 같은 스쿨버스를 탔던 남학생이다. 그 친구는 출발지 곰소에서 승차했고, 난 출발 중간 지점쯤 되는 주산에서 차를 탔다. 그렇게 6개월여 통학하다가 우연히 친분을 맺은 유일한 남학생이었다. 남녀공학은 아니었지만 같은 재단의 학교였기에 스쿨버스는 함께 이용했다. 아침 일찍 서둘러 걸어도 우리 집에서 30여 분은 걸리는 지점에서 승차해야 했기에 가끔 버스가 땀 흘리며 달려오는 나를 기다리기도 했다. 차 안에 앉은 많은 학생들에게 미안한 맘과 달리면서 흘린 땀으로 범벅된 얼굴을 들지 못하고 있을 때면 얼른 책가방을 받아주고 자리를 양보해 주던 친구였다.

내가 병원에서 요양 중일 때 그 친구를 아는 K에게서 전화가 왔다. 내 전화번호를 물어보기에 가르쳐 주었다고.

친구는 아름다운 화분과 죽염 선물세트를 들고 문병을 왔다. 두툼하게 살이 찐 중년의 남자였다. 복잡한 곳에서 마주쳤다면 모르고 스칠 수도 있을 만큼 그 시절의 모습은 한참을 대화한 후에야 조금 찾을 수 있었다. 친구는 진지하게 그 시절을 추억했다. 나보다 훨씬 기억하는 일들이 많았다. 언젠가는 만날 수 있으리라는 기대를 갖고 살아왔다는 말에 미안함이 전신을 감쌌다. 어디선가 아주 잘 살고 있을 거라 생각했는데 문병을 오게 된 것이 못내 마음 아픈 눈치였다.

자꾸 뒤돌아보며 건강만 생각하라 다짐을 주고 친구가 간 후 며칠 동안은 가끔 오는 통증도 느껴지지 않았다. 친구는 간간이 전화로, 문자 메시지로 건강을 기원해주곤 했다.

어느 날 친구는 풍성한 꽃바구니와 흑마늘을 보내왔다. 빨강과 분홍의 장미가 소담하게 담긴 바구니를 보니 언젠가 만났던 꽃집 여인이 생각났다.

"장미꽃과 안개꽃을 섞어서 꽃다발 하나 만들어 주세요."

"그런데 꽃을 왜 사세요?"

"오늘이 발렌타인데이라고 하는데요, 꽃과 초콜릿을 사랑하는 사람에게 주어야 한다네요."

"나도 꽃 좋아하는데……. 초콜릿도 먹을 수 있는데……."

꽃가게 여인은 들릴 듯 말 듯한 목소리로 중얼거리며 꽃을 포장하기 시작했다. 잠시 머뭇거리던 사내는 어디론가 달려가더니 숨을 헐떡이며 들어와 곱게 포장한 작은 꾸러미를 조심스럽게 내밀었다.

"이게 뭐예요?"

"이거요. 초콜릿이에요. 이거 받으세요. 그리고 무슨 꽃 좋아하세요? 선생님이 좋아하는 꽃으로 한 다발 더 포장해 주세요."

여인은 손님이 처음에 주문한 꽃다발을 만들다 말고 자신이 가장 좋아하는 꽃을 골라 먼저 포장했다. 그리고 초콜릿과 어느 꽃다발보다 예쁘게 포장된 꽃다발을 안고 귀여운 토끼처럼 깡총거리며 화원 안쪽으로 달려갔다.

"여보, 나 꽃과 초콜릿 선물 받았다. 저기 저 손님이 오늘이 발렌타인데이라면서 내게 주었다."

그리고는 다시 가게로 뛰어와 정성들여 포장한 꽃다발을 손님에게 내밀며 말했다. 꽃값은 받지 않겠다고, 손님이 내게 꽃과 초콜릿을 선물했으니 나도 사모님께 드리는 그 꽃을 선물하겠다고. 이런 그녀의 모습을 멀리서 바라보는 남편은 그저 말없이 웃고 있었다.

그 일이 있고 난 후 그녀는 아름다운 꽃향기를 맡으며 무심히 생활했다. 그런데 이상한 것은 아이들이 아직도 매일 초콜릿을 먹는다는 것이었다.

"엄마, 그렇게 초콜릿을 좋아하세요?"

"아니 무슨 말이니? 그때 그 초콜릿을 아직도 먹는 거니?"

"아뇨. 매주 월요일이면 꽃가게 앞에 초콜릿이 있던 걸요."

그 사내는 그 후 매주 월요일이면 꽃집 앞에 초콜릿을 가져다 놓고 갔던 것이다.

그렇게 시작된 인연을 22년째 이어오고 있다고 했다. 여인은 20년 전부터는 가끔 두 부부가 만나 음악감상실에 들르기도 하고, 분위기 있는 찻집에 들르기도 한다고 자랑삼아 이야기했다.

도깨비

● 문자메시지가 무더기로 들어온다. 어느 공간에 머물다 온 것인지. '잘 있었어? 보고 싶다, 즐거운 성탄! 연말 잘 보내라, 새해 복 많이 받아…….' 일주일 이상 묵은 내용들이다. 어디에 있었을까? 다른 사람에게 가지 않고 어떻게 내게로 정확하게 찾아왔을까. 신기하다.

어릴 적 전기라디오가 유일한 친구였다. 저녁밥 지을 무렵이면 방송되었던 〈누나와 함께〉, 〈내 마음 내 생각〉, 〈마루치아라치〉는 라디오를 끼고 살게 하는 프로그램들이었다. 안방의 콘센트에 전기선을 꽂아 불티 날리는 부엌 바닥에 내놓고서야 밥을 맛나게 지을 수 있었다. 하필 밥물이 보글보글 끓어 넘칠 때 라디오는 애를 태웠다. 멀쩡하던 라디오가 웬 심통인지 해독 불가한 소리만 들려주었다. '지지지지지…….' 솥뚜껑을 열어 보그르르 넘치는 밥물을 진정시킨 후 그놈 몸의 이곳저곳을 만져보았지만 쉽게 회복되지 않았다. 그러다가 밥하는 데에만 관심을 기울이면 어느새 라디오에 사는 사람들이 도란거리는 소리가 들렸다. 도깨비 같은 놈이었다.

이른 아침이면 라디오는 아버지의 친구가 되었다. 밤새 어른이 된 라디오는 잘 이해되지 않는 연속극을 들려주었다. 어린아이와 할아버지, 할머니, 경찰관이 엮어내는 이야기는 진지했다. 어떻게 많은 사람들이 저 속에서 살까? 라디오를 뚫어져라 바라보는 날이 많았다. 직사각형의 납작한 라디오. 아무리 살펴보아도 어린아이 한 명도 들어 있을 만한 공간은 없어 보였다. 그건 마술이었다. 한 번쯤 분해해보고 싶은 충동도 일었으나 상상할 수 없는 큰 일이 날 것 같아 참았다. 참 신기한 사람들이 살고 있는 라디오를 통해 어린 시절 꿈과 희망을 키웠다. 그 도깨비 같은 라디오를 들으며 상상의 날개도 부풀렸다.

그 시절 동네에서 제일 부잣집에 티브이가 들어왔다. 마당에 덕석을 펴고 마을 사람들이 둘러앉으면 마루에 라디오보다 더 큰 도깨비가 나왔다. 귀로 들으면서 상상했던 많은 사람들이 이제는 텔레비전 속에서 살아 움직이고 있는 것을 볼 수 있었다. 얼마 후 두 번째 부잣집에도 티브이가 들어왔다. 왜 부잣집은 사나운 개를 기르는지. 티브이를 보러 가려면 일찍 저녁을 먹고 개를 물리칠 수 있는 어른의 뒤를 따라 가야 했다. 그래야 개가 얕잡아보지 않았고 앞자리에 앉을 수도 있었다. 김일 박치기와 〈전우〉가 방영되는 날에는 개 짖는 소리가 더욱 요란했다.

주인이 안 볼 때 브라운관을 더듬어 보기도 했다. 그 속에서 사는 사람들과 어떻게 하면 소통할 수 있을까? 참 신기했다. 우리와 똑같은 그들이 울고 웃고 했다. 그 사람들은 어떻게 몸을 줄였다 늘렸다 할까? 저 많은 사람들이 사는 티브이는 도대체 얼마나 비쌀까? 낮에는 어디에 있다가 밤에만 저렇게 들어가 있는 걸까? 밤마다 하늘의 별들보다 많이 사는 것 같은 티브이 속 사람들 때문에 머리가 복잡했다. 〈전설의 고향〉을 보고 돌아오는 길은 천릿길이었다. 이웃집 오빠의 옷소매를 붙잡고 걸어도 허방을 짚기 일쑤고, 간혹 오빠의 보폭이 넓어지면 간이 콩알만 해졌다. 그래도 밤마다 도깨비 만나러 가는 일은 멈출 수 없었다.

이제 그 도깨비가 컴퓨터 속에서도 산다. 세상이 변한 것처럼 도깨비도 변한 모양이다. 귀신 곡할 노릇이다.

어느 날 H교수님이 메일을 보낸다고 했다. 두세 시간을 기다려도 메일은 오지 않았다. 전화를 드리니 딸과 통화를 하면서 시키는 대로 겨우 따라하고 있다며 메일 받으면 연락 달란다.

“잘 들어왔습니다.”

“들어갔어요? 허허허허.”

마법의 도깨비와 소통한 것이 희한한 모양이다. 왜 그렇지 않을까? 그 많은 활자들이 서울에서 전주로 전주에서 미국으로 순식간에 왔다 갔다 할 수 있으니. 현대판 도깨비가 거미줄처럼 복잡하고 다양한 세상이다.

그 세상엔 이제 동심이 사라졌다. 둥구나무 아래서 숨바꼭질하고, 고무줄 끊고 달아나는 개구쟁이들이 보이지 않는다. 하얀 눈밭에서 강아지와 뒹굴고, 경사진 고샅길 빙판에서 비닐포대 썰매를 타던 어린이도 볼 수 없다. 학교 도서실에서 빌려 온 닳고 닳은 동화책 속에서 꿈을 찾는 어린이는 박물관에나 가야 만날 수 있을 것 같다. 이제 해맑은 아이들의 웃음소리는 신형 도깨비가 대신해 준다. 요즘 어린이는 도깨비처럼 살고 있다.

라디오 속에서 사람이 살면서 옛날이야기를 들려주고 티브이 네모 세상에서 많은 사람들이 요술을 부리는 거라고 믿으며 동심을 키웠던 시절이 그립다.

"데이터 사용량 초과로 카카오톡 이용 불가였습니다. 답 늦어 죄송합니다." 때늦은 문자를 보낸다.

전주천 갈대에게

동쪽에서 해가 뜨고 서쪽으로 기우는 자연의 순리에 맞춰 살기 시작한 지 40년이 되었다. 매일 숨가쁘게 돌아가는 그 순환궤도에서 숨이나 제대로 쉬며 사는지 가끔 내 심장에 손을 얹어 그 박동 소리를 느껴 보아야 할 만큼, 헛도는 일상인 성만 싶다.

출퇴근길에 너의 끊임없는 부름에도 귀를 닫아야 하고, 헛손질이 될지라도 쉼 없이 하얀 손으로 내 마음을 부르는 너를 보지 않기 위해 눈길을 돌려야 했다. 가을이라고, 어서 나와 함께 2006년의 가을을 느껴보자고 내 마음의 문을 두드리는 너의 소리만 메아리처럼 들려올 뿐 진정으로 너에게 다가가지 못하고 지냈다.

오늘 문득, 아직도 그 기다림의 끈을 놓지 않고 천변에 쓸쓸하니 서 있는 너를 발견한다.

삶이란 무엇일까? 살아낸다는 것은 무엇일까? 내 육신 부단히 움직여 이 자연이 내게 준 임무를 완수하다가, 그 임무가 끝이 나면 소리 없이 사라지는 게 인생일까? 무심히 흘러가는 너를 보며 내 자신의 알곡 없는 일상을 되돌아본다.

스스로의 힘으로 아침을 맞을 기력도 없어 늘 머리맡에 놓인 핸드폰 알람 소리에 용수철처럼 튕겨지듯 몸을 일으킨다. 뼈 마디마디에서 우둑우둑 희한한 소리를 내면서 조금만 더 휴식을 취할 것을 원하나 단단히 마음 조이고 아침을 준비한다. 이 방 저 방 다니며 휴대폰이 들려준 알람을 앵무새처럼 소리 높여 흉내를 내야 하루가 무사히 열린다. 순번을 정해 세면을 하고 모두들 허겁지겁 제 갈 길로 나가고 나면 집 안 단속을 하고 출근하는 일. 오늘도 그렇게 아침 마무리를 하고 너를 만나게 된 것이다. 오늘 하루도 무사히, 맡은 바 소임을 잘 완수하라고 무언의 격려를 보내고 있는 너를 보면서 정신없이 허둥댔던 아수라장의 장면을 지워낸다.

언제 한번 따뜻이 손잡고 가을 동산으로 나가 본 적 있었던가? 각자의 인생 바퀴에서 스스로 제어할 수 없이 돌아가는 틀 안에서 넘어지지 않기 위해 그저 반복적으로 다리를 움직여 하루 24 바퀴를 도는 시침에 따라 그저 돌아가는 일상들, 너는 너의 바퀴를 나는 나의 바퀴를 그저 돌리면 그뿐인 게 삶이지 않았던가.

매일 눈을 뜨면 그날그날 처리해야 할 일들에 대해 막연히 계획을 세워보지만 가속도가 붙은 내 일상의 바퀴는 자꾸 헛발질을 한다. 주위를, 가족을 돌아볼 여유도 없이 자신의 내면을 들여다볼 마음도 가지지 못하고 또 하루의 삶을 소진해버린 나는 늘 한숨과 후회의 잔해에 깔려 지낸다. 따스한 말, 정다운 말 주고받을 가족이 곁에 있음에도 늘 외롭다고 언제나 혼자인 것처럼 스스로 채굴한 고독에 갇혀서 우울거리며 살고 있지나 않는지. 겨울을 맨몸으로 받아들여야 하는 너를 보며 비곗덩이뿐인 이 육중한 몸을 털어버리고 싶다.

너도 혹시 건너편 천변도로를 조심스레 달리는 휠체어 무리를 봤는지 모르겠다만, 언젠가 퇴근길에 버스 안에서 몇 대의 휠체어가 행렬을 이루어 도로를 주행하는 것을 본 적이 있다. 장애인 행사라도 있었는지 휠체어를 탄 사람들이 약간의 경사진 곳을 조심스레 가고 있었다. 그 짧은 거리를 내려가면서 어찌나 조심스럽게 그리고 땀을 흘리며 조금씩 움직이던지 가슴이 조마조마했다. 버스에서 내려 휠체어가 바르게 가게, 제동이 필요할 때 적절한 제동을 하여 위험하지 않게 해주고 싶었다. 그 장면을 보고는 멀쩡한 두 다리로 이렇게 걸을 수 있음이, 바쁜 일상을 힘겹게 살아내는 지친 몸이지만 내 힘으로 집을 향해 갈 수 있는 이 수월함이 얼마나 축복받은 일인가 생각하게 되었다.

너도 꽃이 다 질 때까지 너를 반겨주는 많은 사람이 오지 않으면 조금은 섭섭했겠지. 그러나 너처럼 그렇게 다 펴보지도 못하고 처음부터 잡초 더미에 휩쓸려 아예 뽑혀 사라져버렸을 많은 너의 동지들을 생각해보렴. 여린 몸매로 하늘을 향해 하얀 웃음 지으며 길 가는 사람들에게 같이 놀자고 손짓할 수 있는 지금의 너 자신이 얼마나 대견하고 감사해야 할 일인지 생각해보렴.

아침저녁으로 너의 곁을 스치는 버스를 타고 다니면서 차 안에서 너에게 했던 많은 말들이 들렸니? 이번 주말에는 꼭 너의 손을 잡고 도란도란 천변을 걸으리라 다짐하기 시작한 날이 언제인지 아득하다. 이렇게 게으른 나를 아직도 기다리고 서 있어 주는 너도 참 무던하구나.

매년 입는 내복을 꺼내 입을 날이 차츰 다가오고 있음을 아침저녁으로 느끼고 있는데 너는 어떻게 이 겨울을 날 것인지, 아니 차라리 동면에 들었다가 내년에 다시 만나는 편이 낫겠지 싶다. 네가 동면에 들기 전에는 반드시 우리 얼굴 맞대고 소곤댈 수 있는 시간을 만들어 보마. 그때까지 전주천 잘 지키고 있으렴.

시내버스 안에서

● 버스를 이용하여 통근한 지 2년여가 되어간다. 이사하면서 직장과 거리가 더 멀어진 탓도 있지만 집 앞에서 버스를 타고 내려서 몇십 분이면 회사에 도착하니 대중교통을 이용하고 있다. 기름 값도 절약하고, 운전에 대한 부담도 없고, 출근길 졸리면 잠깐 눈을 붙일 수도 있어 좋은 점이 많다. 그러나 30분 이상 일찍 준비해야 한다는 단점이 있다. 그것도 뭐 습관들이기 나름이니 가벼운 주머니 사정을 감안하면 크게 불편할 것도 없다.

버스를 타고 출근하는 30분 동안이 내게는 조용히 세상을 바라보는 유일한 시간이다. 다양한 사람들을 만나고 갖가지 상황들을 목격하게 된다.

어느 날 퇴근길에 버스를 탔다. 버스 카드를 기계에 대면서 보니 여자 운전사다. 가끔 여자 택시 운전사는 보았지만 버스를 운전하는 여자는 처음이었다. 운행 시간에 쫓기는 탓이기도 하겠지만 종종 난폭 운전하는 버스를 타게도 된다. 의자에 앉아 있어 손잡이를 잡지 않았다가 앞으로 구를 뻔한 적이 한두 번이 아니었다. 맨 뒷자리에 앉았다가 머리가 천장에 닿을 뻔한 적도 있었다. 여자 기사라면, 하는 기대감에 순간적으로 안심이 된다.

사람들이 순차적으로 차에 올랐다. 요즘은 버스 요금을 현금으로 내는 사람은 드물다. 한 번 탈 때 50원을 차감해주는 카드를 소지한 승객이 대부분이다. 일반인의 카드는 "감사합니다.", 학생들의 카드는 "안녕하세요?"라고 답하면서 카드에 든 보이지 않는 우리의 현금을 버스 요금으로 계산하는 것이다.

"사용할 수 없는 카드입니다." 어느 젊지도 늙지도 않은 중간 키의 남자가 카드를 기계에 대자 난 소리다. 이내 남자는 상의 좌우 주머니 하의 좌우 뒷주머니에까지 여러 번 손을 넣어 뒤지고 또 넣어 뒤진다. 그러나 현금이나 또 다른 카드는 나오지 않는다. 바라보고 있는 내가 속이 탄다. 이를 어쩌나?

난 버스 타고 내리는 지점이 거의 종착지여서 습관적으로 버스에 오르면 맨 뒷자리에 앉는다. 그 광경을 바라보고 있자니 조바심이 난다. 그 남자는 참 고지식한 사람인 듯, 두리번거려서 혹 알 만한 사람이라도 찾아보거나, 주변 사람에게 어떻게든 융통해 볼 생각은 하지 않고 뒤져도 소용없는 호주머니에만 통사정을 하고 서 있다니…….

그때 오른쪽 중간 자리쯤에 앉았던 어느 아주머니가 소리 없이 앞으로 나가더니 버스 요금을 계산하는 기계에 카드를 대고 돌아와 자리에 앉는다. 이러지도 저러지도 못하고 서 있는 남자에게 어떤 말도 하지 않고. 그 남자 역시 어떤 말도 하지 않는다. 아주머니는 두꺼운 점퍼를 입었는데 점퍼에 달린 모자를 쓰고 머플러까지 둘러서 도대체 표정을 읽을 수가 없다.

언젠가 고향에 갔다가 아침 일찍 전주로 오는 버스 안에서 어느 여학생의 난감한 상황을 접했다. 나는 그 학생에게 먼저 차비를 빌려 줄까 하고 물었고 학생은 선뜻 고맙다고 하여 버스 요금을 대신 내주었던 일이 떠올랐다. 그 학생은 내 옆자리에 앉아 정중히 전화번호를 묻고 저장하면서 계좌번호를 문자로 보내주면 반드시 갚겠노라 했다. 계좌번호를 보냈으나 아무런 조치가 없었다. 고마웠다는 문자도 전화 한 통도. 그때 내 모습이 말없이 자리에서 일어나 대신 계산해주고 자리에 앉아 있는 그녀의 뒷모습에 오버랩되면서 다시는 그런 선심 쓰지 않으리라 했던 다짐이 부끄러움으로 밀려온다.

버스가 어느 지점에 닿았을 때 그 말없는 선행을 한 아주머니가 내린다. 달리는 버스 창문을 통해 인도에서 걸어가는 그녀의 모습을 유심히 바라본다. 작달막한 키에 그리 예쁘거나 세련된 미모는 아니었지만 어딘지 온정이 느껴지는 모습이다.

대신 버스 요금을 내주었던 기억을 지우기로 마음을 정하고 있을 때 사용할 수 없는 카드만을 소지했던 그 남자가 내리기 위해 일어서 하차 버튼을 누른다. 잠시 후 차가 멎고 그 남자가 내리려 할 때 갑자기 스피커에서,

"거 아저씨, 해도 너무하네요. 미안하다는 말이라도 해야 할 것 아니요?"

여자 운전기사의 앙칼진 목소리다.

"미안합니다. 죄송합니다."

남자는 기어들어가는 목소리를 남기고 황망히 뛰어내린다.

제 2 부

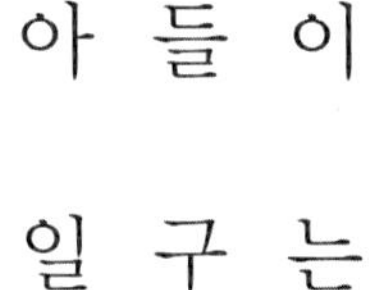

아들이 일구는 고추밭

인생 부동산

● 딸을 기다리는 시간은 불과 10여 분. 등받이에 등을 기대고 앉아 FM주파수에 맞춰진 라디오에서 흘러나오는 음악을 듣곤 하는데, 며칠 전부터 화두가 생겼다. 하필 '인생 부동산' 이라 이름 지은 연유는 뭘까?

ㅅ여고 정문 앞 낡은 건물의 얼굴 반쯤을 가리고 있는 상호다. 밤 10시면 으레 고3딸을 마중하기 위해 차를 주차시키는 곳에 붙박이장처럼 서 있는 건물이다. 늦은 시간이어선지, 이마에 붙은 상호와는 달리, 갈 때마다 불빛도 없이 낡은 출입문만 삐걱거리고 있어, 지나는 차들이 남기고 간 소음과 먼지들만 드나들 것 같은 집. 흔하게 붙어 있는 전월세 가격 안내문 한 장 보이지 않는

것으로 보아, 어쩌면 오래전에 폐업한 가게이지 싶다.

두꺼운 돋보기안경을 쓰고, 누렇게 변색된 실내 벽지와 낡은 책상에 놓인 간결한 임대계약서를 삐걱대는 철재 의자에 앉아 썼을 복덕방 할아버지. 학교 앞이었으니 수많은 여고생들에게 아름다운 학창 시절의 추억을 고스란히 키울 수 있는 소중한 공간인 자취방과 하숙집을 소개했으리라.

여고 시절 난 2학년 때부터 자취를 시작했다. 시골에서 농사일로 바쁘게 사는 부모님을 대신하여 친구들과 자취방을 얻기 위해 헤매었던 골목에 지금도 남아 있을 것만 같은 기억. 복덕방엔 들어갈 용기도 비용도 없었다. 연고 없는 길거리를 배회하면서, 집 앞에 붙어 있는 삐뚤빼뚤 써 있는 누런 종이쪽지의 '자취방 있음'을 보고 들어가서 주인과 방세를 흥정했다. 방을 살펴보고 가격이 맞으면 방이 너무 좁고, 방이 넓고 깨끗하면 가격이 맞지 않고, 몇 주 토요일을 자취방 얻는 일에 소진해야 했다.

연탄불로 난방하는 단칸방, 할아버지 할머니 부부가 구멍가게를 운영하는 집이었다. 연 20만 원의 사글세방이었다. 매월 정기적으로 일정한 수입이 없는 우리 집 형편에는 안성맞춤이었다. 1년을 살고 나면 그 돈은 그냥 사라지는 거였다. 그러나 달리 방법이 없었다. 그 당시 내게 그보다 더 적절한 자취방은 없었다. 학교까지는 걸어서 30분 거리였다. 학교 근처는 방세가 비싸서 가급적 형편에 맞는 집을 구하다 보니, 자취방 치곤 학교와 먼 거리였다.

'인생 부동산' 을 통해 자취방을 구하여 이 학교를 졸업하고 이곳을 떠나간 학생들은 내 나이쯤 되었을까? 적어도 내가 자취방을 구하던 그 시절엔 문전성시를 이루었을 것 같은 그 집. 아직도 그 간판을 떼어내지 못하고 있는 이유는 뭘까?

좀 더 이른 시간에 오면 그 비밀을 알아낼 수 있을지도 모르겠다는 생각에 딸 마중할 시간보다 훨씬 이른 퇴근길에 달려가 보았다. 여전히 굳게 닫힌 문틈으로 먼지만 왁자했다. 해가 지기 전에 바라본 가게는, 나무로 된 미닫이 아래 언턱이 좁아 오랜 세월 비바람을 몸으로 막았음인지 살짝 건드리기만 해도 바스라질 정도로 썩은 나뭇결이 애잔해 보였다. 담배를 팔기도 했던 집인지 담배 파는 가게를 알리는 안내판이 뿌연 유리창에 붙어 있다. 관광지 언저리에 위치한 '인생 부동산' 은 지나는 관광객들의 카메라에 종종 잡히기도 하는 모양이다. 몇몇 낯선 여행객의 셔터가 파다닥 터진다.

여전히 풀리지 않는 화두에 겹친 화두.

인생 90을 잡아도 딱 반을 살아버린 난, 먼지만 쌓인 '인생 부동산' 에 내놓으면 얼마에 거래가 이루어질까? 집은 평수와 주변 환경과 편의시설 등을 기준으로 가격이 매겨질 터이지만, 사람을 부동산에 내놓는다면 어떤 기준으로 가격이 매겨질까? 그 사람의 신체 건강 정도, 학력, 가족사항 그 사람의 심성, 그리고 직업

등. 그러나 심성은 어떻게 가격을 매길 수 있지? 꺾어진 구십의 연령대에 앉은 나를 부동산에 내놓는다면 구입자가 있기는 할까?

학창 시절, 가끔 엄마는 달라는 돈을 감당하기 힘들 때마다 '나를 팔아라.' 했다. 그때 울 엄마를 팔았다면 난 인문계 고등학교에 진학할 수 있었을까? 그랬다면, 지금쯤 어린 시절 내내 유일한 꿈이었던 선생님이 되었을까?

'나를 팔아라.' 는 엄마의 말은 절대 불가라는 부정의 의미로 받아들여졌다. 좀 더 떼를 써볼 엄두를 내지 못하게 하는 막말이었다. 형편이 어려우니 안 되겠다는 그래도 여운이 있는 말이다. 한참 사정을 하고 보채다 보면 결국 엄마는 '니 엄마 팔아라.' 막말이었다. 그럼 그날의 떼씀은 종료인 것이다.

언젠가 아들에게 나도 그런 말을 사용한 적이 있다. '니 엄마 팔아라.' 는 말을 수없이 들어온 어린 시절의 아픈 상처가 있기에 가급적 내 아이들에게는 한 치의 여지마저 차단시켜버리는 그런 말만은 사용하지 말아야지 했는데…….

어려서부터 영특한 아이로, 훗날 한 자리 할 거라는 기대를 모으며 자란 아들은 중학교 시절부터 학과공부에는 흥미를 잃어버리기 시작했다. 겨우 입학시험을 치는 인문계 고등학교에 진학을 했지만, 1학년 중반기쯤 자퇴를 하고 검정고시를 하겠다고 떼를 쓰는 아들 달래느라 참 힘겨운 시간을 보냈다. 어찌되었든 고등학교는 졸업해야 한다는 일념으로 용돈 곱절에, 가서 놀다 와도 좋으니 학교만 다니라는 사정을 얹어 주곤 했다. 용돈이 효력을 내었는지 어찌어찌 졸업을 하게 되었다. 죽어라 공부를 하지 않고, 태권도에, 합기도에, 마술에, 나중에는 제과제빵학원까지 다니더니 결국 찾았다는 게 음악이라며 ㄱ도립대학 실용음악과에 진학했다. 그것도 베이스기타를 하고 싶단다. 눈물겹게 대학 입학금을 마련하여 대학에 넣어놨더니 이제는 베이스기타를 사달란다. '니 엄마 팔아라.' 그제야 나는 엄마의 마음을 뼈저리게 느끼며 30여 년 전 엄마의 앵무새가 되었다.

그런데 아들 녀석 하는 말이 가관이었다. 누가 엄마를 사가기나 하겠어요. 사간들 얼마를 주겠어요. 몸매가 날씬하길 해, 나이가 젊길 해. 그래 이놈아, 네 기준에는 엄마가 헐값이겠지만, 그래도 난 고가야. 성격 좋지, 맘씨 넉넉하지, 체격 좋아 일도 잘하지, 동작 빨라 남들 일하는 것 두 배는 하거든. 그런데 이놈아, 사갈 사람 없어 억울하겠다. 있으면 엄말 팔고는 싶으냐?

아들 녀석은 사람을 어떻게 사고 팔 수가 있느냐는 전제를 바닥에 깔아 놓고 엉뚱한 말로 엄마의 마음을 돌려보려 한 모양이었다. 한바탕 말장난을 하다가 웃음으로 마무리지은 헤프닝이긴 했지만, 엄마를 팔아서라도 네 뜻을 이루는 일에 일조할 수만 있다면……. 이 엄마 '인생 부동산' 광고문으로 붙은 매물이어도 좋으리.

오늘도 어김없이, 자기 몸보다 커 보이는 간판을 달고 서 있는 낡은 집 앞에서 나는 풀릴 듯 풀릴 듯 풀리지 않는 문제를 끌어안고 하염없이 '인생 부동산'을 응시하고 있다.

도시락을 먹으며

“엄마, 더 주무세요. 제가 할게요.”

여섯 시 30분 알람소리에 놀라 일어나는 내게 하는 아들의 말이다. 전문대 한 학기를 마치고 군에 자원입대하였다가 얼마 전에 제대한 아들이다.

아들이 군대에 간다고 할 때 남들은 눈물 콧물 흘리며 몇날 며칠을 잠도 못 자고 그놈 생각에 시들어간다고 하던데 난 달랐다. 정이 메마른 건지, 눈물이 보타버린 건지 그저 자랑스럽고 대견하기만 했다. 이상한 엄마 취급당할까 봐 어정쩡한 표정으로 일관했지만, 속마음으로는 내 아들이 대한의 든든한 아들로 다시 태어나기 위해 떠나는 모습이 그저 기쁘고 흡족했다.

이 나이 되어서도 부모님께 용돈을 타 쓰는 것은 민폐라 생각한다는 놈은 복학을 접고 사회에 적응하는 연습 중이다. 맨손으로 달이라도 딸 것처럼 꿈이 크고 높던 놈이 작은 생활인이 되어버렸다. 제대할 때 딱 보기 좋게 살이 올랐던 놈이 제 고민의 무게만큼 체중이 줄어버렸다. 그런 녀석이 싸준 도시락을 먹는다.

맘껏 꿈을 펼치고 오직 저 하고 싶은 일에만 매달릴 수 있으면 좋으련만 엄마 때문에 너무 빨리 세상을 알아가는 놈이다. 아들을 보면 꼭 저놈만 했을 때의 내 모습이 떠오른다.

유난히 욕심이 많고 승부욕이 강했던 나의 학창 시절. 그러나 초등학교 졸업 후 중학교 진학을 포기하고 이웃 마을 친척집에서 운영한다는 서울 응암동 목걸이 공장에 갔다. 창고처럼 생긴 방에서 가운데 긴 책상을 놓고 남녀 10여 명이 둘러앉아 일을 했다. 각 사람마다 맡은 공정이 있어서 다음 공정에 지체 없게 일을 진행하려면 가장 나이 어린 사람도 똑같은 분량의 일을 해야 했다. 짧은 시간이었지만 부모 슬하를 벗어나 생활한 첫 경험이었다.

그해 여름에는 고향에 내려와 나는 모내기 작업단을 따라다녔다. 그렇게 마련한 돈으로 다음 해 중학교에 진학했다. 어렵게 중학교에 다녀 졸업을 맞자 또 고등학교 진학의 고비에서 절망하던 때가 있었다. 지금 아들의 마음을 알 것 같다. 부모님을 원망하진 않았지만 자신의 처지를 많이 비관했었다. 제 꿈을 접고 엄마가 자랑스러워할 아들이 되기 위해 인생행로를 선회하는 아들을 바라보며 그 시절 엄마 마음을 헤아린다. 상급학교에 진학시키지 못하는 부모의 마음을 이제야 짐작해본다.

"수학 여행비 오늘까지 내야 되는데…… 학교 안 갈 거예요."

퉁명스럽게 쏘아붙이고 방에 들어가 문을 꼭 걸어 잠갔다. 문 밖에서 화도 못 내고 '에미 잘못 만나 니가 고생한다.' 고 하던 들릴 듯 말 듯한 어머니의 목소리가, 어머니의 한숨이 이제야 큰소리로 가슴을 헤집는다.

"음악만 하면 가장 신 나고 행복해요. 음악만 하면서 살 수 있는 세상은 없을까요?"

입대 전에 하던 아들의 말이 아직 귀에서 생생하다.

'그래. 너 하고 싶은 일 아무 염려 말고 해라. 네 꿈을 맘껏 펼쳐라.' 고 말할 수 없는 내가 내 아들의 엄마다. 머리 좋고 심성 좋은 네가 이 엄마보다 더 좋은 사람의 아들로 태어났으면 얼마나 좋았을까?

제대 후 용돈 한 번 달라지 않는 아들을 보면서 가슴이 아렸다. 필요한 것 있으면 말해라, 엄마 형편 닿는 대로 힘껏 도우마 해도, "걱정 마세요. 엄마 제가 알아서 할게요."뿐이다. 기타 줄을 만지고 피아노 앞에서 조용히 연주하는 아들 모습을 보면서 아들의 엄마 된 것이 참 미안하다.

오늘따라 네 뒷바라지를 제대로 못해 줘서 정말 미안하다던 엄마의 젖은 목소리가 더 크게 들린다.

내일은 엄마의 도시락을 싸들고 친정으로 달려가야겠다.

아들이 일구는 고추밭

●‘엄마, 송금했어요?’

‘바로 보낼게.’

아들의 문자를 받고 숙제 안 한 아이처럼 조바심이 난다.

오랜만에 아들이 다녀갔다. 제대하고는 스무 살이 넘어서도 부모님께 손 벌리는 놈은 사나이가 아니라며 군기 꽉 든 소리를 했던 놈이다. 그런데 저 하고 싶은 공부를 하는 학생의 신분에 젖더니 까마득히 잊은 모양이었다. 생활비가 떨어지거나 큰돈이 필요할 때만 문자나 전화를 한다. 대한민국 군대 참 좋다고, 국방부 장관님께 감사편지를 드려야겠다고 생각했었는데…….

아들은 인디밴드에서 나름대로 열심히 활동하고 있다고 했다. 네 명이서 활동하는데 세 명은 직장인이고 자기 혼자만 학생이란다. 공연도 많이 하고 늘 바쁘긴 한데 돈이 안 된다고 자조 섞인 말을 하면서 7월에 앨범을 제작한다고 했다.

아직 완성이 덜 된 음악을 들려주었다. 아들은 핸드폰에 녹음한 거라 음이 조금 불안정하지만 음향 좋은 기기로 들으면 훨씬 나을 거라며 첫선을 보는 새색시처럼 홍조 띤 얼굴로 앉아 있었다.

이어폰을 통해 들려오는 음악에서 아들의 땀과 노력이 고스란히 묻어났다. 온전히 학업에만 전념할 수 있는 형편이 아니기에 틈틈이 알바도 하면서 최대한 시간을 쪼개고 또 쪼갰으리라. 마음이 짠했다.

요즘 난 '버스커버스커Buskre Buskre'를 좋아한다. 아들이 활동하고 있는 지역 출신이라는 점도 좋아하는 이유 중 하나지만, 그들의 음악은 상큼하고 맑다. 노랫말도 솔직하고 담백하다. 순수하고 단순하다. 시골스럽고 편안하다. 특히 보컬을 맡은 범준이가 꾸밈없이 서민적이어서 맘에 든다. 마치 그들의 음악을 듣는 것 같은 기분이었다.

"느낌 좋은데?"

오른손 엄지를 추켜올리며 좀 과장하여 칭찬해 주었다. 내심 걱정스런 마음으로 내 반응을 지켜보던 아들의 긴장된 눈꼬리가 느슨해졌다. 자꾸 올라가는 입꼬리를 애써 숨기면서 아들은 감사하다고 했다. 가장 먼저 엄마에게 들려주고 싶어서 미완성이지만 담아 왔노라며 뜬금없이 물었다.

"엄마, 요즘도 시 써요?"

"……."

"안도현 시인 알죠?"

핸드폰을 열더니 〈고추밭〉이라는 시를 촉촉한 음성으로 읽어 주었다. 특히 시의 후반부에서는 힘을 주어 또박또박 읽었다.

어머니의 고추밭에 나가면
연한 손에 매운 물든다 저리 가 있거라
나는 비탈진 황토밭 근방에서
맴맴 고추잠자리였다
어머니 어깨 위에 내리는
글썽거리는 햇살이었다
아들 넷만 나란히 보기 좋게 키워내셨으니
짓무른 벌레 먹은 구멍 뚫린 고추 보고
누가 도현네 올 고추농사 잘 안 되었네요 해도
가을에 가봐야 알지요 하시는
우리 어머니를 위하여
나는 빨리 어른이 되고 싶었다

어른들은 자식 자랑하는 게 낙이라는데 우리 엄마는 자랑할 게 없어서 어쩌냐던 아들의 목소리가 겹쳐졌다. 엄마의 자랑이 되고 싶었는데 그러지 못해 죄송하다며 울먹이던 얼굴도 겹쳐졌다. 엄마가 내 엄마여서 자랑스럽고, 음악을 하겠다는 자신의 뜻에 크게 반대하지 않고 용기를 준 엄마가 너무 감사하다던 순간의 모습이 클로즈업되었다. 조금만 기다려주면 어디에 내놓아도 부끄럽지 않을 엄마의 자랑이 될 수 있는 아들이 되겠다고 다짐하던 아들의 초롱한 눈망울이 가슴으로 들어왔다.

감정을 절제한 목소리로 시를 다 읊고 난 후 아들은 가만히 내 손을 잡았다. 우리는 한참 동안 아무 말도 하지 않았다. 서로의 마음을 충분히 알고 있지만 입을 다물었다. 경제적으로 넉넉하지 못한 엄마의 힘이 되어주고 싶은데 멀고도 험한 예술의 길을 선택한 자신이 많이 미안한 모양이었다. 빨리 어른이 되어서 엄마가 지칠 때 든든한 어깨를 내주고 싶은 모양이었다. 그 마음이 안도현의 〈고추밭〉 고랑을 넘어서 가슴 깊이 울려왔다. 어떤 말보다 녀석의 마음을 깊이 헤아릴 수 있을 것 같았다.

아들에게 문자를 보낸다.

'아들아, 송금했다. 네가 좋아하는 안도현의 〈고추밭〉 생각하고 있다.'

엄마 노릇 딸 노릇

● 비 오는 날은 유독 수험생 부모들의 마음이 넉넉해지나 보다. 다른 날보다 몇 배로 많은 차량들이 일방통행 골목길에 주욱 늘어서 있다. 알 수 없는 미래를 준비하는 법을 배우는 아이들의 인생항로를 밝혀주기라도 하려는 듯 차들은 환하게 라이트를 켜고 있다. 떨어지는 빗방울의 포물선들이 반짝인다. 빗방울의 크기가 그렇게 다양하다는 것을 처음 느낀다. 좀 큰 방울은 쿵 하고 떨어져 깨지며 퍼진다. 소녀처럼 작은 방울은 그 포물선도 잔잔하다.

"비 오니 춥지?"

"네. 엄마."

"배고프지?"

"와~ 내가 좋아하는 빵이다."

크고 작은 빗방울이 불규칙하게 내린다. 우산을 들고 추레한 차림새로 넘어질 듯 흔들리는 자전거를 탄 사내가 지나간다. 넘어지면 어쩌나 싶은 맘이 자전거의 바퀴를 주시한다. 빗방울이 햇살처럼 퍼지는 모습이 라이트 불빛에 잡힌다. 잠시 후 가방을 꼬옥 가슴에 안고 여고생이 빗속에서 뛰어간다. 스쳐간 줄 알았던 자전거가 약간 들어간 도로 가에 서 있다. 소녀는 사내의 우산을 받아들고, 사내는 자전거 짐받이의 무언가를 매만진다. 소녀는 교복 치마를 추켜잡고 짐받이에 올라앉는다. 챙챙 빗방울을 털며 자전거가 서서히 움직인다.

"영은아, 만약 엄마가 저 아저씨처럼 자전거 타고 마중 나온다면 어떻겠니?"

"……."

"그렇게 마중 오려면 오지 말라 하겠지?"

"왜 그렇게 생각하세요?"

"선뜻 답하지 못하는 거 보면 그럴 것 같은데."

"모르겠어요. 그런 상황이 되어 봐야 제 속마음을 알 것 같아요."

신호 두어 번 바뀌면 빠져나갈 수 있는 골목길을 대여섯 번 교차한 후에 빠져나왔다. 고급 차로 마중 나와 신호에 걸려 있는 사람들 부럽지 않은 부녀의 자전거를 더 오래 볼 수 있어 좋다. 어깨와 등이 좀 젖으면 어떠리. 하나의 우산에 의지한 초라한 모습이지만, 그들이 지나는 길목은 화안하다. 순간 빗줄기도 약해진다. 새벽 인력시장에 나가 하루 일을 마친 노곤한 아버지의 마음을 너무도 잘 아는 비가 순간 눈으로 변한다. 부녀가 탄 자전거는 산타 썰매처럼 좁은 길을 잘 미끄러져 간다.

차는 한참 동안 골목길에 붙박이가 되어 있다. 수동자동차 기어 1단으로 출발했다가 2단으로 바꾸기도 전에 다시 정차, 기어를 중립에 놓았다가 1단에 놓기를 반복하는 사이 빗길을 걷는 두 여학생의 모습이 잡힌다. 소아마비인 학생이 한 팔은 친구의 어깨에 의지하고 한 손으론 지팡이를 짚고 간다. 한 발 한 발 힘겹게 내딛는 그녀에게 비는 형벌이리라. 언젠가 친구 가방을 들어다 주고 그 친구가 버스를 타고 출발할 때까지 있어주느라 늦었다고 말했던 딸의 말이 빗소리보다 크게 되살아난다.

"네가 말한 그 친구니?"

"네."

"3년 동안 학교 다니느라 참 고생했겠다."

"그래요. 저 친구는 아마 지금도 땀을 많이 흘리고 있을 걸요."

"비가 와서 추운데 왜 땀을 흘려?"

"한겨울에도 아침에 교실에 도착하면 저 친구는 얼굴이 벌겋게 상기되어 있고요, 땀으로 등이 젖셔 있곤 해요."

"그렇구나."

"사람들이 불쌍한 눈으로 바라보는 것이 싫다고 했어요. 저라도 그럴 것 같아요."

"가여운 마음에 바라보는 거겠지."

"특히 할머니들은 오래 바라보면서 혀까지 차요. 그럼 많이 속상해 해요."

좋은 대학 진학하지 못하면 어떠리. 건강하게 이 순간 둘이 정다운 대화를 나눌 수 있고, 서로의 호흡을 가까이서 느낄 수 있으면 족하지. 내 딸의 건강함에 새삼 감사하고 행복하다.

지팡이에 의지하며 걸어가는 소녀를 보니 불현듯 차츰 걷기가 힘겨워진다는 어머니 생각이 난다. 연세가 들면 세월의 더께처럼 온갖 병세가 달라붙는 것인가. 최근엔 다리가 저려서 불편하다고 한다. 어느 날, 주변에 쓰다 버린 유모차가 있으면 구해달라는 전화를 하였다. 그거 의지하고 걸으면 좀 수월할 것 같다고. 오죽하면 그것이라도 구해달라고 하였을까, 한동안 아파트 쓰레기 집하장 같은 곳을 유심히 살폈다. 하루는 은행에 볼일이 있어 나갔다가 길가 한적한 곳에 유모차 비슷한 것에 앉아 있는 노인 한 분을 발견했다. 반사적으로 달려가서 이 기기가 무엇이며, 도움이 되느냐, 어디서 구입하였느냐, 가격은 어느 정도냐 물었다. 당장 종합병원 근처 의료기 상사에 달려가 보행보조기를 샀다.

"난 니가 뭐 사주는 거 하나도 안 반가야."

"엄마, 난 엄마를 기쁘게 하기 위해서라기보다 내가 기쁘고 행복하기 위해서 하는 거야."

"어쨌든 난 너만 생각허믄 가슴 아픈게. 자식들 뒷바라지하기도 힘들 텐디 제발 나한티는 인자 아무것도 허지 마라 잉."

"내가 훗날 부자로 잘살면 뭐해? 지금 좀 힘들더라도 엄마 살아계시는 동안 엄마를 생각하면서 무언가를 살 수 있다는 게 얼마나 큰 행복인데. 내 행복을 말리려 하지 마 엄마."

"그리도 난 맘이 안 편히야."

"엄마, 엄마도 외할머니 살아계셨으면 드리고 싶은 거 많지? 그런데 할머니 안 계시니 아무것도 못 하잖아. 난 그런 후회하고 싶지 않고 이렇게 하는 게 내 맘이 편하고 즐거워서 그래."

어머니의 휑한 눈이 허공에 머문다.

언니가 필요해

● 여느 날과 다름없이 출근 버스에 몸을 실었다. 집은 없어도 차는 있어야 한다는 말이 있을 만큼 자가운전자들이 많다고 하지만 아직도 월요일 아침 출근버스 안은 발 디딜 공간이 부족하다. 출근하는 사람들에 휩쓸려 차에 오르면 낭랑한 아나운서의 목소리가 반갑다. 청취자들이 보낸 다양한 사연을 소개한 다음 신청곡을 들려주는 프로다. 오늘도 시내버스 기사님이 선택한 채널에서 들려오는 음악은 종일 입가에서 머루알처럼 매달릴 것이다.

잠시 후 차가 신호등을 지나쳐 쿨럭이는 순간, 어느 주부가 언니의 생일을 축하하며 보낸 사연이 전파를 탄다. 배고프고 가난

했던 어린 시절, 가뜩이나 부족한 먹거리를 나눠야 하는 점 때문에 가끔은 언니가 없었으면 하는 철없는 생각을 했었다고. 그러나 어려운 시절 그래도 좌절하지 않고 꿋꿋하게 성장하여 그 시절 그 또래의 딸을 키우며 옛날을 추억할 수 있는 것 또한 언니가 있었기 때문인 것 같다고. 언니와 자라며 겪었던 많은 에피소드들을 짧게나마 소개하며 진심으로 언니의 생일을 축하하는 메시지를 전달하고 있었다.

"엄마, 왜 전 언니가 없어요? 언니가 있었으면 인숙이랑 싸웠을 때 이렇게 도망 와서 방 문 걸어 잠그고 숨지 않아도 되잖아요? 흑흑."

자그마한 동네에 일대 소란이 벌어졌다. 뒷산에 펑퍼짐하게 드러누운 몇 개의 묘가 있는 동산은 동네 아이들이 밥만 먹으면 일제히 몰려가서 노는 유일한 마을 놀이터다. 그곳에서 편을 갈라 팔강을 하거나 숨바꼭질을 하곤 하는데 그날은 상대편인 인숙이가 팔강을 하다가 분명히 금을 밟았는데 밟지 않았다고 박박 우겼다.

언니가 없던 나는 스스로 깊어지는 강물처럼 스스로 강해지지 않으면 안 되었다. 나를 꿋꿋하게 설 수 있게 하는 어떤 배경도 없었기에 작달막한 키보다 훨씬 강한 힘을 발산해야 했다. 그렇지 않으면 그 세계에서 바보가 되거나 뒷전으로 밀려날 수밖에 없다. 그날도 잘못된 것에 대해 내 주장을 하다가 싸움이 벌어졌다. 네 말이 옳다느니 내 말이 옳다느니 언성을 높이다가 또 손으로 몇 대씩 때리다가 발길질을 하다가 결국은 그 시절 싸움 행동의 최고 단계(?)인 서로의 머리카락을 움켜잡고 잔디밭에서 뒹구는 행동으로까지 발전하게 되었다. 손가락 사이에 아픈 머리카락이 시커멓게 쥐어진 채였지만 결국은 내가 이겼다. 울면 지기 때문에 아무리 아파도 절대로 먼저 울면 안 된다. 둘 다 머리는 봉두난발이었지만 그 아이가 먼저 울었으므로 내가 이긴 것이다. 그 순간 어디선가 앙칼진 목소리가 천둥처럼 울려왔다.

"너, 이리 와. 가만두나 봐라. 요게 어디서 내 동생을?"

인숙이 언니가 씩씩거리며 달려왔다. 회오리바람이 몰고 오는 모래가루처럼 검정 고무신이 몰고 오는 흙먼지가 지레 겁을 주었다. 걸음아 날 살려라 하고 도망을 친다는 게 고작 우리 집 안방.

부엌에서 일하는 엄마는 그냥 보고만 있었다. 왜 그럴까? 그 아이의 언니는 마당에 서서 빨리 나오라고 고래고래 소리를 쳤다. 절대로 가만두지 않겠다고, 네가 내 동생 아프게 한 만큼 너도 아프게 만들어 주겠다고, 밖으로 나오기만 하면 너는 내 손에 죽을 거라고. 그 시절에 난 참 많이 죽었다 살아나곤 했다. 방안에서 바깥의 동정을 살피기 위해 붙여놓은 조그만 유리를 통해 밖을 내다보니 갖은 욕설로 화를 삭인 친구 언니의 뒷모습이 보인다. 이제 큰일 났다. 다시는 마을에 나가서 놀지 못할 텐데……. 그러나 단 한 번도 마을에 나가서 놀지 못한 날은 없었다.

언니를 갖는 게 소원이었던 내가 우리 딸에게도 언니를 만들어 주지 못했다. 가끔 무뚝뚝하고 잔정이 없는 오빠와 싸움을 하고 난 딸아이는 "엄마, 왜 언니를 낳지 오빠를 낳았어요?"라며 울먹이곤 한다. 그 아이의 언니가 있었으면 하는 바람을 모르는 바는 아니지만 어찌할 수 없으니 안타까울 따름이다. "엄마가 언니 몫까지 다해 줄게."라는 말밖에. 나 어릴 적처럼 친구끼리 많이 싸울 일도 없는 요즘 아이지만, 언니가 있었으면 하는 소망은 그때나 지금이나 같은 모양이다.

사십을 넘은 이 나이에 아직도 언니가 있었으면 하는 막연한 소망을 가지고 있는 내게 언니가 생겼다. 어쩌면 이룰 수 없는 가장 큰 소망이 이루어진 것이다. 몇 년 전 내가 하는 모임에 나보다 두 살 많은 언니가 신입회원으로 가입했다. 외모나 덩치가 나와 비슷했지만 첨에는 별 관심이 없었다. 내가 전주로 이사를 한 후 그 언니도 1년쯤 뒤에 전주로 이사를 온 것이 둘 사이에 더욱 깊은 정을 나눌 수 있는 계기가 되었다. 전주시의 많고 많은 동네 중에서도 하필 내가 자리 잡은 동네로 이사를 온 것이다.

게다가 언니는 내가 늘 다니는 버스승강장 주변에 가게를 내게 되었다. 자연스럽게 우리는 수시로 만나게 되었다. 그러다 보니 서로에 대해 잘 알게 되고 차차 자신의 모습을 보기 위해 거울을 보지 않아도 상대방을 보면 될 정도로 너무 많은 닮은 점들을 발견하게 되었다. 언니는 여동생 하나 갖는 게 소원이었단다. 아!

이럴 수가……. 무언가 간절히 원하면 이루어지는 것이구나. 우리는 서로 친자매처럼 지내자고 가벼운 농담처럼 말했지만 여러 해를 지내면서 친자매 이상의 정을 쌓고 있다.

늦은 나이에 방송대 공부를 한다고 기말시험 때면 퇴근 후 독서실에서 공부하는 나를 불러내어 피로회복제를 손에 꼬옥 쥐어주는 언니다. 졸린 눈 비비며 잠과 시름할 때를 어쩌면 그리도 잘 아는지 핸드폰으로 사랑의 문자를 보낸다. 가게로 내려와서 따끈한 커피 한 잔 마시고 야속한 졸음 쫓고 기운 내라고. 내려가면 사랑 가득 담긴 차를 주곤 한다. 아무리 하찮은 것이 있어도, 아무리 작은 것이어도 나누기를 좋아하는 언니다. 아니 나누어야 속이 시원하다는 언니다. 과연 나는 언니에게 동생으로서 무엇을 했나 아무리 생각해도 떠오르지 않는다. 무조건 받기만 한 염치없는 동생일 뿐.

오늘도 언니는 눈물겹도록 가슴 따뜻한 문자로 하루의 피로를 씻어준다. 시골에서 떡과 참기름을 보내왔는데 나누어 줄 테니 퇴근길에 가게에 들르란다.

생각하면 나는 부끄럽게도 주변에 신세를 지고 사는 사람이 참 많은 것 같다. 아무것도 주는 것 없이 늘 받기만 하고 사는 내 삶은 분명 업을 쌓는 일일 것인데 어떻게 그 업을 풀어야 할는지……. 어둑해진 귀갓길에 내딛는 발길이 무겁기만 하다.

숨바꼭질

"엄마, 냉장고 문짝 한번 살펴보세요."

"네 차 뒷좌석 가방 주머니 잘 살펴봐라."

친정에 갔다 온 날 어머니와 주고받는 통화 내용이다.

옆에서 듣고 있던 딸이 거들고 나선다.

"엄마와 외할머니는 꼭 숨바꼭질하는 것 같아요."

어버이 날, 어머니를 모시고 개통한 지 얼마 되지 않은 새만금 방조제에 갔다. 어린아이처럼 좋아하는 어머니의 모습이 연록의 나무들과 많이 닮았다. 어머니 눈에 비친 내 모습도 그러하리라. 어머니의 삶만큼이나 우여곡절 많았던 새만금 공사가 마무리된

현장. 둑의 길이만큼이나 깊었을 어부들의 시름이 가슴에 전해왔다. 아직은 바다라는 이름으로 불리어지고 있는 둑 오른편에서는 낡은 배들이 추레한 모습으로, 몰려드는 관광객들을 물끄러미 바라보고 있었다. 만선의 오색 깃발을 펄럭이며 포구로 향하던 그 어선들은 다 어디에 숨은 것일까……?

몇 해 전, 오랜만에 차 내부를 청소할 때였다. 시트에 묻은 먼지와 바닥 깔판에 눌어붙은 흙을 털어내고 주머니를 정리하다가 책들 사이에서 꼬깃꼬깃 접힌 지폐를 발견했다. 원인을 알아내지 못해 고개를 갸웃거리면서도 웬 횡재인가 싶었다. 이제 까마득히 잊은 일이다.

새만금 둑길을 달리다가 간이 주차장에 차를 세웠다. 멀리 수평선에서 파도를 몰고 오는 바람이 꽤 차가웠다. 딸아이가 어머니의 등을 얼싸안고 벤치를 향했다. 바람이 스며드는 어머니의 저고리 앞섶을 여며드렸다. 빈약한 가슴에 카네이션을 달고 벤치에 앉아 있는 어머니 옆얼굴이 핼쑥해 보였다. 저 가슴에 카네이션을 달아드릴 날이 얼마나 남았을까, 가슴이 먹먹했다. 고등학교를 졸업하고 막 직장 생활을 시작한 해였다. 어머니의 병세가 위중하다는 전갈을 받고 급히 귀가했다. 부고를 내야하네, 관을 맞추어야 하네, 급박한 분위기가 집 안에 가득했다. 직장을 내박치고 어머니 병구완에 매달렸다. 그때 영영 이별할 뻔했던 어머니였다.

결혼 후 친정에 갈 때마다 실랑이를 벌이곤 했다. 힘겹게 사는 딸이지만 어머니를 뵐 때면 약소하나마 용돈을 드리고 싶었다. 그래서 지폐 몇 닢을 내밀면 한사코 거절하는 통에 한바탕 실랑이를 했다. 몇 해 전부터 어머니가 밖에 있을 때 몰래 숨겨놓을 곳을 찾기 시작했다. 어느 날엔 속옷 넣는 옷장에, 어느 날엔 냉장고에, 어떤 때는 약 가방 속에 살짝 숨겨놓고 왔다. 그랬더니 언제부터인가 집에 오면 외투 호주머니나 핸드백 뒷주머니에 아니면 자동차 의자 주머니에 돈이 들어 있곤 했다.

자동차 뒷좌석에 앉아 있는 어머니는 또 일을 벌이고 있었다. 백미러를 보지 않아도 바스락거리는 소리만으로 어머니가 무엇을 하는지 알 수 있다. 하지만 짐짓 모른 척해야 했다. 모녀간의 숨바꼭질은 이제 예삿일이 되었다. 밤과 낮을 가리지도 철을 가리는 일도 없이 만나면 그냥 숨바꼭질이었다. 지금은 내가 술래였다. 어머니가 숨고 싶은 곳에 숨을 때까지 조용히 기다려주어야 했다.

어릴 적에 숨바꼭질을 많이 했다. 작은 농촌 마을이라 달밤이면 또래 친구들과 숨바꼭질하는 게 제일 좋은 놀이였다. 숨바꼭질은 아무도 찾지 못하게 꼭꼭 숨는 게 생명이다. 술래에게 쉽게 들키면 맥이 빠져 재미가 없다. 그러나 모녀간의 숨바꼭질은 깊이 숨기는 건 금물이다. 당장 들키지만 않으면 된다. 술래가 어렵지 않게 찾을 수 있는 곳에, 더러는 옷깃을 살짝 보이게 숨어야 한다.

새만금을 돌아 나오니 해 질 녘이었다. 부안을 향하다가 해변에 있는 음식점에 들렀다. 어머니는 딸아이의 부축을 받으며 음식점 이층 계단을 오르는 사이, 자동차 호주머니에 숨은 어머니의 마음을 찾아 들고 어머니가 들고 가는 약 가방을 눈여기며 뒤따랐다. 식당에 들어서자,

"할머니 화장실 들렀다 와야지."

딸아이에게 눈짓을 하며 아무렇지도 않은 척 어머니의 약 가방을 받아들었다.

식탁 앞에 앉아 바지락 죽을 주문해 놓고 바다를 바라보았다. 둑이 가로막은 바다에는 갈 곳 잃은 배들이 황혼에 싸여가고 있었다.

생일 선물

● 여느 날처럼 퇴근해서 집으로 들어섰다. 토요일이라 일찍 들어온 딸애가 반갑게 맞이한다. 딸의 여린 목에 걸린 가느다란 십자가 모양의 반짝이는 목걸이가 시야에 잡힌다.

"어머, 영은이 목걸이 이쁘네."

"네, 오빠가 생일 선물로 주었어요."

컴퓨터와 친한 아들은 인터넷에서 필요한 물건들을 사곤 한다. 낮에는 집에 사람이 없어 택배나 등기우편물을 받을 수가 없는 터라 직장으로 배달되어 오는 택배 물건이 종종 있다. 분명 아들이 시킨 것인데 항상 꾸러미를 받을 때마다 혹 내게 보내 온 선물인가 싶어 가슴 두근거리기도 한다. 그날도 어김없이 아들이 쇼핑한 물건이 배달되었다. 무얼까? 작은 정사각형의 상자에 담긴 물건이었다. 본래 수령인의 이름이 명확히 밝혀져 있는 우편물에 대해서는 전적으로 장본인이 먼저 뜯어야 하는 거라고 누누이 강조해왔던 내가 아니었던가? 그러나 그 순간만은 평소의 내가 아니었다.

아주 작은 십자가가 달린 가느다란 금빛 나는 목걸이. 표시나지 않게 살짝 꺼내어 목에 대어보니 왠지 내 목의 두께와 주름에는 어울리지 않는다. 그러나 아들 녀석의 주머니 사정에 비하면 이 정도도 훌륭한 선물이다. 곧 어버이날이니 이 깜찍한 녀석이 엄마의 선물을 미리 준비하는가 보구나 싶어 얼른 원래대로 포장을 해서 손댄 흔적 없이 말끔하게 손질한 택배 꾸러미를 아들에게 전해주었다.

그렇게 목걸이에 대한 기억이 가물가물해지던 어버이날, 야간 자율학습을 마치고 돌아오는 딸애의 손에는 작은 카네이션 화분이 들려 있었다. 가슴에 꽂는 카네이션은 엄마가 꽂지 않을 것 같고, 엄마에 대한 감사함과 사랑의 마음을 다 표현하지 못할 것 같아 오래도록 기르면서 생각할 수 있는 화분으로 샀다며 수줍게 내밀었다.

그러나 아들은 어버이날이라는 개념조차 없어 보였다. 순간 머릿속에 앙증맞게 작고 사랑스럽던 목걸이가 떠올랐다. 갑자기 그때 그 목걸이의 행방이 궁금했다. 대체 어디로 간 것일까? 벌써 좋아하는 여학생이 생긴 것일까? 엄마보다 여자 친구를 먼저 생각할 만큼 다 성장해서 이미 둥지에서 떠난 새가 된 걸까?

전에 샀던 그 목걸이 엄마 주려고 샀던 거 아니었어? 라고 단도직입적으로 묻고 싶은 궁금증을 꼴깍 삼켰다. 아들의 마음을 사로잡은 어여쁜 여학생에게 돌아갔을 목걸이를 생각하며, 그래 그렇게 가는 것은 내게 어울리지 않을 거야. 어울리는 사람의 목에 걸렸을 때 목걸이도 더욱 아름다울 것이고 선물의 의미도 있겠지, 어설픈 논리로 내 섭섭함을 달랬다.

그랬는데, 그 목걸이가 딸의 목에 걸려 반짝이고 있는 것이다. 묘령의 여학생에게 돌아갔나 싶은 마음에 아들 놈 키워봐야 쓸데없다는 말까지 떠올렸던 자신이 부끄럽게 생각되었다. 용돈을 아껴서 하나뿐인 동생 생일 선물을 미리미리 준비하는 그 녀석의 따뜻한 정이 가슴에서 옹골지게 피어올랐다.

십오 년 전 생일날이었다. 주택을 사면 목돈이 사장된다는 이유로 시골에 논을 몇 마지기 장만하고는 시골의 빈집에 들어가 살 때였다. 남편은 퇴근길에 커다란 수박 한 덩이를 사가지고 왔다. 평소 생일이든, 결혼기념일이든 이벤트 없이 사는 사람이었는데……. 참으로 이상했다. 그러나 이제부터라도 생일도 챙기고 결혼기념일도 챙기면서 살기로 마음을 고쳐먹었는지도 모르는 일이었다. 살다 보니 이런 날도 있구나 싶어 마음에서는 이미 시원한 수박의 단물이 촉촉이 고여 흘렀다. 말없이 들고 온 수박을 씻어 반으로 쪼개어 냉장고에 넣으면서 궁금증이 수박넝쿨처럼 번졌다.

"이 수박 어떻게 된 거예요?"

'당신 생일이라 한 덩이 사왔어.' 라는 답이 나오길 기대했는데 그 사람의 입에서 나온 말은,

"퇴근길에 누가 한 덩이 주더라."

차라리 묻지나 말걸.

그냥 내 생일 선물이려니 하고 먹었으면 그래도 어쩌다 살다 보니 생일을 기억해 주는 날도 있구나 하며 스스로 감격하고, 고맙고 기쁜 마음에 한동안 행복했을 텐데 그 궁금증이 방정이었다.

아들에게 끝까지 다그치고 묻지 않았던 건 참 잘했다. 지난번 인터넷으로 산 목걸이 어디다 두고 어버이날인데 선물도 안 주는 거지? 라고 했다면…….

엄마 냄새

● 아들은 내 생일날 입대했다. 급하게 쓴 편지와 생일 선물이라고 주고 간 향수가 쓸쓸한 맘에 작은 위안을 주었다.

붉은 꽃 한 송이가 생화처럼 그려진 가느다랗고 긴 병이다. 무슨 향인지 모르지만, 그것을 사용할 때마다 보고픈 마음을 달래곤 한다. 자랑스러운 아들이 되어 오겠다는 약속의 말이 몸에서 은근히 풍기는 향기와 섞여 큰 위안이 되곤 한다.

여고 시절 장거리 통학을 했다. 버스정류장까지 족히 30분은 걸어야 하는 아침은 달리기 연습 시간이었다. 무거운 책가방을 들고 달려서 겨우 버스에 올랐다. 더위에 약한 탓에 얼굴에서 흐르는 땀을 주체할 수 없었다. 차 안의 사람들 시선이 모두 내 얼굴에 박힌 것만 같았다. 땀으로 얼룩진 얼굴이 홧홧 달아올랐다. 후들거리는 다리가 좀 진정될 때 슬며시 손수건을 꺼내 땀을 훔쳤다.

차가 갑자기 요동을 쳤다. 울퉁불퉁한 길을 과속한 탓이리라. 손잡이를 잡고 중심 잃은 몸을 추스를 때, 어디선가 풍겨오는 은은한 향이 맘을 사로잡았다. 향내가 흘러나옴 직한 곳으로 천천히 시선을 돌렸다. 홍조 띤 볼에 파스텔 톤 블라우스 차림의 아가씨가 서 있었다. 그녀는 가을날 피어 있는 쑥부쟁이 연보라 꽃 같았다. 눈이 마주쳐 멋쩍어하는 나를 보고 웃어줄 땐 빨리 향긋한 그녀가 되고 싶었다.

그런 날은 집에 오면 세수를 더욱 깨끗이 했다. 땀내 절은 몸에 향기를 붙일 수 있는 유일한 방법이었다. 세안 마지막 단계에서 세숫비누를 듬뿍 묻혀 씻은 후 살짝 헹궜다. 그리고 향내가 닳아지지 않게 물기를 가볍게 닦았다.

내가 처음으로 향수를 사용한 것은 30대 초반이었다. 그것은 지인으로부터 받은 선물이었다. 장밋빛의 액체가 복주머니 모양의 유리병에 담긴 향수는 맘을 설레게 했다. 틈만 나면 화장대 앞에 앉아서 물끄러미 향수병을 바라보다가, 만지다가, 가만히 뚜껑을 열어 코에 대보기도 했다.

외출 준비를 마치고 장밋빛 향수를 발랐다. 발랐다는 표현이 맞을 것이다. 처음으로 아름다운 향기를 동반하고 외출한 그날 친구들의 놀림감이 되었다. 향수를 어떻게 사용했느냐는 핀잔과 향수를 처음 사용했다는 말에 뒤이은 놀림까지, 난감한 날이었다.

아직도 그 향수는 연한 향을 담고 화장대 구석을 차지하고 있다.

아들이 사준 향수가 내가 간직한 두 번째 향수다. 제대 6개월 남긴 오늘, 그 병엔 이제 그리움이 가득 찼다. 그놈이 제대할 때까지 대신할 향이다. 놈이 부대에서 그리워할 내 향기는 어떤 것일까?

10여 년 전 지병으로 고생하던 엄마가 수술을 했다. 의사는 심장 판막이 녹아버렸다고 했다. 인공 판막을 이식하는 수술이었다. 가슴을 움키며 몸부림치면서도 어머니는 수술은 않겠다고 고집을 부렸다. 수술비를 염려함이었다. 어머니의 아픈 세월을 눈물로 실감했다. 수술은 잘되었다. 형제가 많지 않은 탓에 병간호는 내 몫이었다. 병원에서 출퇴근을 했다. 엄마 곁에 가면 이상한 냄새가 나곤 했다. 장기간 많은 약을 복용한 탓으로 장기들이 피우는 소란인지. 무어라 말할 수 없는 이상한 냄새가 났다. 그래서 난 엄마를 제대로 안아드리지 못했다. 마지못해 시중만 들었던 것 같다. 이런 딸년의 못된 속내를 어머니는 눈치챘을까?

아들 녀석 군에 보내놓고서야 살림에 찌들다 병을 얻어 평생 고생한 어머니의 소중한 향내를 기억해낸다. 훗날 어머니가 내 곁에 없을 때는 아마 그 향내마저도 그리워질 것이다. 어떤 형태이든 엄마라는 이름이 빚어내는 향기, 그것보다 향기로운 냄새가 또 있을까.

아들은 오늘도 대한의 건아로서 시큼한 땀으로 범벅이 된 채 근무 중이겠지.

온라인 투표

● 자원하여 일찍 군에 갔다 온 녀석은 한 학기 다닌 학교를 자퇴하고 새로운 대학에 가겠다고 했다. 학원에 다녀서 예술대학에 진학할까 고심하다 늦게야 찾은 학교가 ㅈ도립대였다. 학원비 정도의 부담으로 전문학사 자격까지 취득할 수 있다는 이점을 내세우면서 그렇게 객지에서 생활하더니 밴드 '살랑'의 일원으로 활동을 시작했다. 어설프지만 음반도 냈다. 열심히 생활할 것으로 믿고 지내던 어느 날, 아들은 중앙 무대에서 공연할 수 있는 기회를 얻기 위한 온라인 투표를 하고 있다며 '엄마, 투표해주세요.' 라는 문자를 보내왔다.

그날 밤부터 나는 핸드폰과 컴퓨터에 매달리기 시작했다. 핸드폰에 저장된 많은 지인들에게 문자를 보내고 메일 주소록에 등재된 사람들에게 엄마의 간절한 마음을 담은 메일을 보냈다.

'지금 온라인에서 투표 중입니다. 제 아들이 속한 밴드 '살랑'에 한 표 부탁합니다. 이 투표에서 좋은 성적을 거둬야 중앙 무대에서 공연할 기회를 얻습니다. 부탁드립니다.'

학창 시절 경쟁률이 치열했던 학생회장 선거 때도, 어느 단체에서 회장 투표할 때도 이런 마음은 아니었다.

어려서부터 기대를 모았던 녀석은 학교 공부에는 흥미를 갖지 않고 이것저것 많은 것들에 기웃거리더니 결국 실용음악을 선택했다. 베이스기타를 치면서 가장 즐겁고 행복하다는 녀석에게 내키지 않는 박수를 쳐주어야 했다. 기대를 저버린 녀석이 한편으론 야속하고 안타까웠지만, 대학 졸업 때까지도 자신의 길을 선택하지 못해 방황하고 갈등하는 젊은이들이 있다는 것을 생각하면서 그나마 다행이라 여겼다.

문득, 선거판이 떠올랐다. 지방자치제가 시행되고 우리는 많은 선거에 참여하게 되었다. 기초의원, 광역의원, 시장, 군수 등등. 남편이 군수로 출마하여 당선된 지인이 있다. 건강도 좋지 않은 상태여서 많이 우려했으나 원하던 위치에 올랐다. 그때 주소지가 그곳이 아니어서 아쉽다는 말과 응원의 말만 했지, 난 그곳에 사는 나의 지인들에게 자진하여 한 표를 부탁하는 일에는 소홀했다.

온라인 투표는 2주일 동안 진행되었다. 내가 할 수 있는 방법을 다 동원하고도 일주일이 남았을 때 많이 초조했다. 열 팀 중 다섯 팀을 뽑는 온라인 투표 점수가 60%를 얻어 2위를 달리는 시점에서도 불안했다.

다음 단계로 돌입했다. 문자를 보낸 사람들 중에 투표했다는 답을 주었거나 전화를 해준 사람 외에 다시 한 번 보내는 작전이었다. 혹 바빠서 아직 투표하지 못했거나 그다지 중요한 일이 아니라는 생각에 그냥 흘려버렸을 사람들의 표까지 얻어야 할 듯싶었다.

어떤 아동문학가 선생님은 인터넷 창을 열고 통화하면서 한 표를 정성스럽게 보태주었다. 어느 노 작가님은 메일로 짧은 답신을 주었다. 컴퓨터 사용을 잘하지 못하여 손녀가 오면 물어서 하겠다고.

그 한 표를 보태는 마음이 얼마나 큰 것인지 경험한 일이 있다. 언젠가 친구의 딸이 어느 회사의 광고 모델 최종 심사에 올랐다. 온라인 투표 점수를 반영한다고 내가 도움 요청한 것과 같은 부탁의 문자를 보내왔다. 힘을 실어주고자 흔쾌히 그 홈피에 들어갔다. 그런데 회원가입을 해야 투표를 할 수 있어서 상당한 시간이 소요되었다. 화면도 잘 열리지 않았다. 은근히 짜증이 나고 귀찮기까지 했다. 한 표를 보태는 데에는 상당한 인내력과 시간이 필요했다.

밴드 열 팀의 사진 파일과 동영상 파일이 있는 화면이니, 투표하는 일이 쉽지 않았을 것이다. 그 창이 다 열리는 데에는 상당한 시간이 소요되고, 컴퓨터를 능숙하게 다루지 못하는 사람들에게는 꽤 어려운 일이었을 것이다. 그럼에도 많은 분들이 응원하고 격려해주었다.

1위와는 상당한 차이가 있었다. 2위만이라도 놓치지 않기를 바라며 최선을 다하는 중 드디어 마감일이 다가왔다. 2위 달성은 안정적이었다. 그때서야 행여 내 문자를 읽고 짜증스러운 사람은 없었을지, 메일을 받고 황당하지는 않았을지 헤아려졌다. 무렴하여 하늘을 똑바로 올려다볼 수가 없었다.

그러던 어느 날 동료 직원의 말이 날카롭게 마음에 걸렸다. 어느 옷 매장에서 할인 판매한다고 문자가 하루에도 여러 번 들어와서 짜증난다고. 그 집에 전화해서 그만 좀 보내라 하고 싶다고.

어미의 간절한 마음만 앞세워 무작위로 날렸던 문자와 메일이 조심스럽게 떠올랐다. 내가 그들에게 어떤 도움을 주었기에 무작위로 도와달라고 청할 수 있었는지. 어미의 마음이란 이유를 내세우기엔 내가 너무 이기적인 것만 같았다. 그동안 내 삶을 돌아봐도 그런 것 같다.

'감사합니다. 진심으로 그 마음 오래 소중하게 간직하며 겸손하게 살겠습니다.' 기꺼이 마음 보태준 모든 분들께 머리 숙여 큰 절 올린다.

기차

그날은 좀 일찍 잠자리에 들고 싶었다. 그런데 갑자기 전화벨이 울렸다. 서울에 있는 첫째 동생의 다급한 목소리였다. "누나, 막내가, 막내가…… 교통사고를 당했어." 동생은 울부짖고 있었다. 멀리서 가끔 바라보는 기차는 늘 생각 없이 레일을 달렸다. 멍한 채로 기차에 몸을 실었다.

어머니는, 늘 즐겨 부르는 노래 한 소절처럼 3남 1녀 중 막내아들은 딸 대신이라 했다. 역시나 막내는 부모님께 딸보다 더 살갑게 했다. 언제나 어머니를 기쁘게만 하는 아들이었다. 어머니는 막내아들 교복과 운동화 한 번 빨아주지 못한 것이 한이라 했다.

농사일에 바쁜 어머니 손길 닿기 전에 학교에서 돌아오면 그것들을 먼저 빨아놓고 밖에 나가는 아들이었다.

공부를 빼어나게 잘하는 동생은 아니었다. 시험 운은 있었던지 익산에 있는 ㅈ기계공업고등학교에 진학했다. 당시 중학교 3학년 담임선생님은 낙방을 점쳤으나 실패를 각오하고 입학원서를 낸 동생은 혼자 합격의 영광을 안았다. 고등학교 졸업하자마자 시원시원한 성격만큼이나 해군에 자원입대하여 빨리 군복무를 마쳤다. 동생이 제대할 무렵 아버지는 병환 중이었다. 고혈압으로 쓰러져 방안에 누워서만 지내는 그 몇 개월 동안 막내는 아버지의 수족이었다. 다른 형제들에게 짜증 한 번 부리지 않았다. 오른팔을 자유롭게 사용하지 못하는 아버지는 음식의 절반은 상에 흘리며 식사를 했다. 입으로 들어가는 음식보다 흘리는 게 더 많았다. 그런 아버지 밥상에서 맛있게 식사를 했다. 일주일에 한 번씩은 꼭 목욕을 시켜 드리고, 손발톱을 깎아 드렸다. 그리고 말끔하게 면도해 드리는 일도 잊지 않았다.

아버지 돌아가시고 시골에 홀로 남을 어머니를 위해 부엌을 입식으로 개조하는 일도 했다. 어머니 적적할까 봐 마당 귀퉁이에 강아지 집도 지어놓고, 통통한 강아지 한 마리 이웃집에서 분양받아 들였다. 그리고 막내는 직장 찾아 상경했다.

기차는 만원이었다. 갑자기 시댁 집안일로 서울에 다녀와야 한다는 간단한 설명만으로 어머니께 아이들을 맡겼다. 그 녀석들 울지 않고 잘 있어야 할 텐데 기차에 몸은 실었지만 맘은 집에 남아 있었다. 요 녀석들이 어머니 힘들게 하지 않아야 할 텐데. 기차만큼 꼬리 길게 맘을 잡는 잡생각들이 꿈틀댔다. 기차는 어둔 밤을 밝히며 달렸다. 얼마만큼 올라간 건지, 얼마쯤이나 더 가면 도착될 건지 모른 채 뒤엉킨 생각들로 시간을 가늠할 수 없었다.

선반 위에 헝클어진 신문지를 내려 바닥에 깔고 앉았다. 기차 벽에 기댄 등으로 전해지는 찬 기운이 기적소리보다 더 흠칫 놀라게 했다. 병원 생활 길어지면 간호는 내가 해야지. 녀석 올라간 지 얼마나 됐다고. 다리나 좀 다쳤겠지. 큰 상처 아니면 우리 집 근처 병원에 있게 해야지. 한 번씩 경적을 길게 뽑으면서 몸을 흔드는 기차 안에서 걱정과 불안에 떠는 사이 서울에 도착했다.

동생은 이미 다른 데로 가고 없었다. 동생의 흔적을 좇아 달려간 곳은 영안실이었다. 어떻게든 살려보겠다고 첫째 동생이 막내를 데리고 이 병원 저 병원으로 다녔던 모양이었다. 동생 역시 막냇동생의 사고를 믿지 못한 것이다. 이미 손을 쓸 수 없는 상태였음을 받아들일 수 없었을 것이다. 생각지도 못한 일이었다. 난생 처음 당한 일, 객지에서 교통사고로 동생을 속절없이 보내는 일을 감당하기엔 너무 벅찼다. 형제였지만 우린 아무것도 하지 못하고 타인처럼 동생의 시신을 거두었다. 벽제 화장장에서 막냇동생은 이승과 작별했다.

여행 좋아하는 막냇동생과 함께 우리는 기차를 탔다. 그날도 기차는 만원이었다. 눈물이 하염없이 흘렀다. 귀에서는 동생의 뜨거운 목소리가 들렸다. 형제 중 가장 듬직하고 멋졌던 동생 놈의 걸걸한 목소리다. "누나, 내가 취업하면 누나 은혜 꼭 갚을게." "은혜는 무슨. 건강하게 잘 지내고 돈 벌어서 좋은 아가씨 만나 장가가 행복하게 잘 살면 되지." 옆자리에 앉은 막내의 친구는 소리 없이 눈물을 찍어내고 있다. 첫째 동생 또한 말없이 창밖을 주시하지만 눈물은 터진 봇물 같았다.

삶은 계란도, 주황색 망에 다섯 개씩 담아 파는 귤도 막냇동생은 먹지 않았다. 기차 안에서 하는 군것질을 무척이나 좋아했던 막내는 말이 없었다. 어색한 분위기 참지 못하고 먼저 장난치고 분위기 띄우던 동생이 아니었다. 죽음보다 더 무거운 침묵으로 모든 것을 내게 맡겼다. 세상이 딱 멎은 줄 알았는데 기차가 몸을 흔들며 움직였다.

동생은 그렇게 떠났다. 기차는 동생의 풋풋한 영혼을 싣고 영원을 향해 달리고 또 달렸다. 이별은 길고 길게 뿜는 기적소리였다.

또 한 번의 계기

• 뭔가 일을 하고 싶었다. 왠지 자꾸만 세상살이에 뒤쳐지는 것만 같고 나만이 외로운 세계에 버려진 것 같은 조바심과 두려움이 컸다. 그러나 주부가 일을 갖는 다는 게 어디 쉬운 일이던가? 용기가 필요했다. 아니 계기가 필요했다.

월급쟁이이기에 크게 궁핍하지 않은 가정이었지만 남편은 한사코 맞벌이를 원했다. 나 또한 자꾸 세상살이에 주변인으로 내몰리는 것 같은 불안감에 시달리고 있었지만 아직 아이들이 어리기에 그 마음을 누르며 지내고 있었는데 남편은 억지스런 계기를 만들어 주었다.

맞벌이 가정에 대한 심한 열등감을 가지고 있는 남편 앞에서 매번 맞벌이라는 말에 주눅이 들고 기가 죽어야 했다. 일찍부터 학원이나 놀이방으로 내몰지 않고 정성껏 육아를 감당하는 것에 대한 평가는 뒷전이었다. 남편은 일상적인 대화에서는 물론 TV 연속극을 보다가 언뜻 내비치는 내 말에도 너그럽지 못했다.

나에 비하면 남편은 부농에서 자랐다. 시골 부자라야 뻔하지만 그래도 부잣집 소리 들으며 살아왔다. 그런데도 무엇이 그를 그토록 삶을 조급하게 만들었는지는 모르겠다. 어쨌든 난 그런 남편과 가정을 이루고 살면서 어떤 창의적인 생각조차 할 수가 없었다. 그럴 기미를 보일 때마다 '그 좋은 머리 다른 곳에 쓰라.' 는 식의 핀잔이 기다리고 있었기에…….

그러던 어느 날, 결혼 전에 근무했던 직장에서 연락이 왔다. 정식은 아니었지만 시간제로 일을 해보겠느냐는. 반가웠다. 나무꾼이 숨겨놓은 날개옷을 입은 선녀처럼 마음은 이미 꿈의 나래를 폈다. 깔끔하게 차려 입고 출근 인파에 끼어서 걸어가는 내 모습. 얼마나 간절한 바람이었던가. 애초에 결혼을 하는 것이 아니었다는 생각까지 하면서 직장생활을 새로이 시작하면 정말 멋진 직장인이 되리라 다짐했다.

당장에 일을 시작하려면 아직도 내 손길이 많이 필요한 아이들이 문제였다. 친정어머니나 시어머니께서 아이들을 맡아 줄 형편이 아니었다. 그것은 순전히 내가 감당해야 할, 일을 하기 위한 첫 번째 관문이었다. 들뜬 마음을 가다듬고 아이들을 종일 맡아줄 놀이방을 알아보았다. 어린아이 둘을 맡기는 데 필요한 비용은 상당했다. 하기야 종일 어린아이를 돌봐주는 비용을 어찌 셈할 수 있으리…….

누구나 일을 하고자 하는 데는 여러 가지 이유가 있을 터이다. 여자들의 경우 겉옷처럼 내세우는 이유는 자아계발일 것이고, 속옷처럼 남에게 보여주고 싶지 않은 이유는 현실타개일 것이다. 그런데 아이들 놀이방 비용이 문제였다. 거기다 급료도 그다지 만족스럽지 않아 포기하는 쪽으로 마음을 정했다. 직장생활을 하면 나도 좀 더 멋진 여성으로 살아갈 수 있을 것 같던 희망은 물거품이 되었다. 많이 아쉬웠다.

그러나 그런 결정을 한 내게 남편은 말없는 비난을 가했다. 내가 일을 할 수 있음에도 편하게만 살려고 좋은 일자리를 포기한다는 투였다. 처음으로 크게 다투었다. 그것은 내 마음에 큰 생채기가 되었다.

그 일이 있은 후 한동안 많은 생각을 했다. 남편의 노골적인 표현으로 보아 이제 맞벌이를 하지 않고 평화롭게 지내기는 힘들어졌다. 나는 결국 직업전선에 뛰어들었다. 그것이 내가 평생 직장생활을 하며 살게 된 첫 번째 계기였다.

전업주부에서 사회로 쉽게 첫 발을 내디딜 수 있는 일은 뻔했다. 책 세일이며 보험 세일, 화장품 세일 등 가가호호 방문해서 생면부지의 사람에게 내 물건을 팔아야 하는 일이었다. 적성에도 맞지 않을 뿐더러 매우 힘겨운 일이었다. 그래도 한번 시작한 일인데, 남들도 다 하는데, 스스로 자신감을 불어넣으며 어렵게 버티는 시간이 얼마간 지속되었다.

오락실을 운영하는 초등학교 2년 선배 언니를 찾아갔다. 참 쑥스럽고 어려운 일이었으나 어차피 내가 하는 일에 대한 홍보를 해야 하는 입장이고 자영업을 하는 사람들에게는 하루에도 여러 명의 세일즈맨들이 찾아 자기를 알리고 다닌다지 않던가? 그런데 예기치 못한 홀대를 받았다. 그날 일진이 좋지 않았었고, 종일 여러 명의 세일즈 방문자가 있었다는, 그래서 혹 섭섭하게 대했는가 보다는 사실을 후일에 알게 되었지만, 그날 난 너무 큰 마음의 상처를 받았다. 그 길로 그 일을 접고 말았다.

마음속에 간직하고 있을 뿐 아이들 때문에 쉽게 뛰어들지 못하던 직장생활을 남편의 강권에 내몰려 하게 되었고, 당시에는 아픈 상처를 받았다 생각했던 선배의 홀대가 적성에 맞지 않는 일을 그만두고 다른 일을 찾을 수 있게 했다. 지금 생각하면 이 두 사람이 주부인 나를 직장생활을 할 수 있게 했거나, 사회생활에 적응할 수 있게 하는 계기를 마련해 준 셈이다.

흔히 배고픈 계기가 밥을 먹게 하고, 외로움이 친구를 찾게 하고, 성공하고 싶다는 욕망이 우리를 더욱 치열히 살게 하지 않는가.

내게 문학은 어릴 적부터 막연하게 키워온 꿈이었다. 살아오면서 많은 난관에 부딪고 자신이 한없이 초라해질 때도 늘 함께 있어 마음 든든한 친구였다. 문학의 갈래 중에서 시를 택한 것은 처음 문학공부를 할 때 시를 쓰는 분과 함께한 것이 계기였다. 그러나 어느 순간 치열한 생존경쟁에 휩쓸려 문학을 등한히하게 되었고, 다시 글을 쓰려고 펜을 들었을 때는 마음이 너무 무디어진 후였다.

문학잡지를 발간하는 잡지사 가족으로 일하게 되면서 다시 문학을 하고 싶다는 욕망이 피어올랐다. '하계수필대학 세미나' 가 내 인생에 또 하나의 계기를 마련해주었다. 아직 수필의 정체를 잘 알지는 못했지만, '하계수필대학 세미나' 를 계기로 내 가슴에 내 삶을 진솔하게 드러낼 수 있는 수필에 대한 열정이 활활 타오르기 시작했다.

이후 수필로 등단하여 내 인생의 새로운 장을 펼치게 되었지만 아직도 부족한 게 많아 부끄럽다. 앞으로 열심히 공부하여 수필다운 수필을 쓰는 일이 내게 주어진 과제이다.

꽃망울 떨어질라

● 오랜만에 햇살과 동무하며 길을 걷는다. 선크림을 잔뜩 바르고도 한낮의 외출은 삼갔는데 이제 햇살 듬뿍 받으며 걷는 것만도 감사하고 감개무량하다.

침대에 누워 팔에 링거를 꽂고, 사타구니에 소변 줄을 꼽고, 옆구리에 분비물 내보내는 호스를 매단 채 가물거리던 내가 아니었던가. 침대에서 내려 몇 발 걷는 것도 힘겨워 여러 번의 시도 끝에 5분, 10분, 30분씩 조금씩 몸 상태를 살피며 걸어야 했다. 똑바로 서서 양치할 수 있음이, 혼자의 힘으로 화장실을 드나들 수 있음이, 내 힘으로 음식을 먹을 수 있음이 그토록 간절하던 시간의 터널을 지났다. 언제일까, 까마득하게 갈구하던 사소한 일들을 스스로 할 수 있는 지금, 따가운 햇살이 전신을 휘감은들 대수이랴.

한겨울 옷차림이 부끄럽지 않다. 단단히 무장한 옷 사이로 눈만 빼꼼 내밀었다. 내어 놓은 눈과 입 주위로 달려드는 바람이 상쾌하다. 감기만 두렵지 않다면 마스크도 벗고, 모자도 벗고, 맘껏 햇살과 바람과 조우하련만. 나신으로 받고 싶은 햇살, 바람이건만. 그러나 이것만도 얼마나 다행한 일이냐. 두 발로 이 푸른 땅을 밟고 당당히 걸을 수 있으니 이제 꾸준히 연습하면 덕유산 눈꽃산행도 두렵지 않으리라.

몇 년 전 겨울의 한복판에 지인과 산악회 차량을 타고 덕유산에 간 적이 있다. 케이블카를 타고 올라가서 내려오는 산행이었다. 무릎까지 올라온 눈을 헤치며 걷는 일은 달콤한 고통이었다. 손가락이 얼어붙어 마디마디 떨어져버릴 것 같은 아픔도 거뜬히 견딜 수 있는, 알 수 없는 힘이 끝없이 솟았다. 거세게 몰아치는 눈보라 속에서의 힘겨움도 혼자가 아니기에 충분히 즐거운 추억으로 남길 수 있었다.

청천벽력 같은 암 선고를 받고 병상에서 거뜬히 일어설 수 있었던 것도 나를 아끼고 지원해준 많은 인연들 때문이다. 그들에게 넘치도록 과분한 사랑을 받는 동안 나는 죄인이었다. 그렇게 과분한 사랑 받을 자격이 있다는 생각이 들지 않았기 때문이다. 수많은 지인들의 염려와 기도를 받으며 가슴 절절히 고마웠지만,

난 그들이 이런 상황일 때 그처럼 할 수 있을 것 같지 않아 못내 미안하고 눈물겨웠다.

출판사에 있다는 이유로 맺은 인연들도 나를 거듭 감동시키고 놀라게 했다. 생각지도 못한 많은 어른들의 문병과 위로를 받았다. 내가 무어라고 서둘러 달려와서 용기와 희망을 준 분들에게 나는 어떻게 보답할 수 있을 것인가.

낯선 길을 한참 걸으니 아담한 수목원이 나온다. 수목원이란 팻말이 아니라면 좀 넓은 개인 소유의 정원이라 생각하고 지나쳤을는지도 모른다. 수목원에 들어서니 나를 맞아 환영하는 듯 벌린 가슴이 넓기만 하다. 다양한 품종의 나무들이 바람을 몸으로 휘감으며 분주히 새순 틔울 준비가 한창이다. 어느 나무에는 작은 새눈이 망울져 있다.

얘야, 조금만 참아다오. 나랑 같이 피자꾸나. 나도 네가 꽃망울 터뜨릴 때쯤엔 좀 더 튼튼한 내가 되어 퇴원할 수 있지 않겠니? 손잡고 가자. 살며시 여린 가지를 만진다. 저 밑에서부터 차오르는 숨소리가 느껴진다. 여기까지 오르며 차오르던 내 벅찬 심장소리처럼.

오는 봄을 시샘이라도 하려는지 바람이 꽤 세차진다. 가느다란 가지들이 몸서리를 친다. 꽃망울은 더욱 자지러진다. 바람아, 그만 불어라. 아니 좀 살살 불어라. 너의 일이 그렇게 세상 흔드는 일이라면 그 일하지 말라 할 수도 없지 않으냐.

바람 앞에 속수무책 흔들리는 꽃들이 맥없이 세상에서 일탈 경로에 놓여버린 환자들 같다. 거울을 통해 보이는 내 모습 같다. 난 내 자리서 그저 묵묵히 봄엔 맑은 꽃을 피우고 겨울엔 꽃 피울 준비하며 지내왔건만 병마의 수렁에 빠져버렸다. 이리저리 흔들리는 나무들이 암 선고 받던 날의 나처럼 처량하다. 모든 약한 것들이 내 몸인 양만 싶다.

목련의 꽃망울에 유독 맘이 닿는다. 한 아파트에서 10여 년을 살 때, 화단에 많이 서 있는 목련을 벗하며 지낸 이유인지 까닭없이 목련이 좋았다. 특히 하얀 목련을 좋아한다. 그러나 맥없이 떨어질 때, 떨어져서 바닥에 버려졌을 때의 모습은 왠지 마음을 아리게 한다. 지금 맺은 목련 망울은 어떤 빛깔의 꽃을 피워낼지는 모르겠다. 저 여린 망울이 되기까지 얼마나 긴 아픔의 강을 건너왔을까. 내가 갑자기 암 선고를 받고 오늘처럼 다시 세상을 걸을 수 있을지 없을지 가늠할 수 없는 시간을 건너 여기 있듯이. 이제 바람아 멈추어라. 여린 꽃망울 꽃 못 터트리겠다. 네가 멈추어야 내 삶에 휘몰아친 바람도 멎을 것이다. 활기찬 목련꽃이 자태를 드러내는 날 나 또한 툴툴 털고 삶의 이랑을 힘차게 달릴 수 있으리라.

제3부

풍 등

교수님과 자전거

"많이 기다렸지요? 늦어서 미안합니다."

"교수님, 어서 오세요."

퇴근 무렵 이마에 땀이 흥건히 젖은 채 윤 교수님이 사무실에 들어섰다.

《석가모니》 번역서 만드는 일이 막바지에 접어든 시점이었다. 수정한 교정지를 가지고 오실 날이 여러 날 지나 무슨 일인가 궁금하던 차였다.

교수님은 꽤 먼 거리인데도 자전거를 타고 오곤 했다. 차분하고 꼼꼼한 그분은 전혀 교수 티를 내지 않는 겸허한 분이었다. 대학교에서 중국문학을 가르치다 퇴임하였다는 것도 교수님에게서 들은 말이 아니다. 그분이 잠시 다녀간 자리엔 언제나 은은한 향이 스미어 있곤 했다. 편안함을 주는 품성과 넉넉한 미소가 오래 남았다. 한마디 말씀에서도 책자에서 만난 석가모니의 자비로움이 전신에 배어 있었다. 말소리도 크지 않았다. 맞춤법이나 띄어쓰기 등도 거의 손볼 것이 없을 만큼 정확했다. 어쩌다 문장에 가감할 곳이 있어, 말씀 드리면 수긍하고 받아들이는 모습이 자연스러웠다. 몇 군데 고치지 않았는데도 황송할 정도로 정중하게 감사하다는 말씀을 하였다.

여러 차례 직접 와서 교정지를 가져가곤 했는데 못 오겠다는 전갈이었다. 무슨 일인가 여쭈었더니 자전거를 도둑맞았다는 것이다. 퀵 서비스를 이용해 교정지를 보내드렸다.

도둑맞았다던 자전거의 행방을 여쭈었더니 찾았다 하였다.

며칠 뒤 출판사에 들러 들려준 교수님의 이야기가 감명 깊었다.

"제 아들놈 혼 좀 내주십사하고 데려왔습니다. 정말 죄송합니다."

중3 남학생이 훔쳐갔던 모양이다. 그 아이의 아버지가 아들을 데리고 찾아왔다. 소년원에 보내든지, 경찰에 신고를 하든지 선생님 처분에 맡기겠다고 했다. 진심으로 아들 교육을 잘못시킨 자신을 반성하며 사죄하는 아버지를 보면서 가슴이 뜨거워졌노라 했다.

"잘못했습니다. 다시는 그러지 않겠습니다."

그 아들도 눈물이 왈칵 쏟아질 것 같은 눈망울로 사죄했다. 앞으로 다시는 그런 일 하지 말라며 어깨를 토닥여서 보내고 그 학생의 아버지와 술 한잔 흐뭇하게 마셨다고 했다.

그만한 때는 남의 물건에 호기심이 생겨 그런 실수를 할 수도 있는 법이다. 그러나 어른들이 순간의 감정으로 그 아이를 영영 도둑으로 낙인을 찍어버리는 우를 범할 수 있음을 교수님은 지적했다. 때로는 아이의 잘못을 발견하고도 묵과한 탓으로 영원히 나쁜 짓이라는 것을 깨닫지 못하고 성장하게 할 수도 있다. 그러니 어른의 역할이 얼마나 중요한가. 누구나 어린 시절, 한 번쯤은 자잘한 잘못들을 저지르면서 성장한다. 교수님도 청소년기에 남의 물건에 손을 댄 적이 있었음을 고백하였다. 금방 나오려니 하고 자전거에 열쇠를 채우지 않은 자신의 탓도 큰 것이니 어찌 그 아이를 혼낼 수 있었겠느냐며 부처처럼 웃었다.

집으로 향하는 교수님의 자전거가 유난히 반짝였다. 그 모습을 한참이나 바라보았다. 마음이 포근했다.

풍등

●행사가 거의 마무리될 무렵 희붐한 하늘에 통통하게 살이 오른 초승달이 뾰조롬히 얼굴을 내밀었다. 기다리다, 기다리다 직접 만들어 띄운 여러 개의 달을 시샘하듯이.

초보운전자가 올라가기에는 버거운 길이었다. 15년 된 스틱 승용차로 올라가겠다고 덤빈 것부터 무모한 시도였던가. 겁 없이 앞서가는 두 대의 차 뒤를 조심조심 뒤따랐다. 경운기나 한 대 겨우 올라갈 수 있는, 한 사람만 마주와도 비켜설 공간도 없이 자동차 바퀴가 딱 들어맞는 산길 소로였다. 타이어 자국은 깊이 파여 차 바닥이 자꾸 신음을 했다. 쿵! 이리저리 몸을 뒤틀고 고통을

호소하는 차에 신경 쓰랴 좁은 길 반듯하게 달리랴 등에서는 식은땀이 흘렀다. 약간 경사진 곳에서 결국 한계에 부딪치고 말았다. 차가 헛바퀴를 몇 번 돌더니 갑자기 고무 타는 내가 진동했다. 순간 겁이 덜컥 났다.

'하필 이런 곳까지 오라고 했을까?'

정확한 목적지도 모르고, 그저 삼겹살 파티에 산상 음악회를 한다는 연락을 받고 퇴근하자마자 부랴부랴 달린 것이다. 길을 잘못 들었다고 선두 차가 되돌아 나올 때는 정말 한숨이 절로 나왔다. '얼마나 멋진 음악회길래!' 한번 지켜보자는 심산으로 화를 꾹꾹 눌러 참았다.

퍼지기 일보직전인 내 차는 한쪽에 세워두고 앞서가던 차에 올랐다. 목적지인 듯한 곳에 도착했으나 그곳에서 다시 4륜 구동차로 옮겨 타고 올라야 했다. 산세가 우거진 별천지였다. 이런 곳도 있었나? 이런 곳에서 음악회라니.

살다 보니 이렇게 살게도 되더라는 여주인은 약간 투덜대는 여인네들이 자못 못마땅했나 보다. 나는 오겠다고, 오고 싶다고 안달인 사람 많아도 사양하고 있는데 이렇게 오기 싫다는 사람을 데려가는 것은 난생처음이라고 했다.

갑자기 미안해진 우리는 투덜댄 상황 설명을 하고 급히 기분 전환을 했다. 이렇게 조금만 더 올라가면 별도 달도 손으로 딸 수 있을 것 같았다. 마중 나온 여주인 차에 옮겨 타기 전에 미안해서

'우리는 걸어서 올라가죠 뭐.' 라고 했던 말이 얼마나 무식한 소치에서 나온 말인가 실감했다.

이렇게 먼 길을, 이렇게 험한 산길을 밤중에 걸어 올라가겠다고 했으니. 옛말에 무식하면 용감하다고 했던가. 슬그머니 웃음이 나오기 시작했다. 흐읍~~흐읍~~ 맑은 산 공기를 몸속에 주입하는 소리가 숨비소리처럼 들렸다. 심통이 잦아들 무렵 도착한 산상.

집 한 채 높은 곳에서 산 아래를 굽어보며 떡하니 버티고 있고, 미리 도착한 일행들은 삼겹살 파티를 벌이고 있었다. 산을 진동하는 고소한 냄새, 시샘하듯 빗방울이 듣기 시작했다. 초대한 사람과 이런저런 인연의 고리를 맺은 사람들, 꽤 연세가 있는 분도 있었지만, 마음은 모두 같았다.

어느 정도 허기를 채운 후 펼쳐진 음악회. 산의 나무들도 산짐승들도, 벌레들도 모두 청중이 되었다. 색소폰 소리가 진안 고원을 감쌌다. 〈데니 보이〉, 〈로라〉 등 익숙한 음률이 가슴에 깊이 들어왔다. 소름이 돋았다. 달달한 음색을 가진 통기타를 들고 나온 곱상한 젊은 아마추어 가수. 그와 함께 온 관객이 그 밤의 진한 감동을 노래 불렀다. 마이크도 없이 완전 자연의 소리로 어우러진 청춘, 끝으로 마임 공연이 있었다. 피에로 분장을 하고 풍선아트를 선보이는 마임 공연은 환상이었다. 모두 동심으로 돌아가서 맘껏 웃는 시간이었다. 한두 나무는 뿌리가 흔들려 우리가 떠나온 뒤, 흔들리는 이의 통증에 잠 못 이루듯 그들도 치통 꽤나 앓았으리라.

간절히 염원한 달과 별은 끝내 모습을 보여주지 않았다.

동심으로 돌아간 청중들이 모두 따가 버리면 별이 없는 진안이 될까 두려웠는지 참 야속하게 몸을 숨기고 나오지 않았다. 멋쟁이 여주인의 배려로 우리가 달을 만들기로 했다. 소망을 적어서 열기구를 닮은 소망등을 띄우는 거였다. 한 사람 두 사람 소망을 적어 하늘에 달을 걸기 시작했다.

노랗고 빨간 달. 풍등을 하늘 높이 띄웠다.

정상

● 모처럼 딸과 모악산에 갔다. 부지런한 사람들은 이미 하산하는 시간이었다. 장비를 갖추지 않은 우리는 입구에서 지팡이와 아이젠을 샀다. 아이젠은 등산화 중간쯤에 간단하게 부착할 수 있는 삼발이 모양이었다. 처음 신어보는 것치고는 걸을 만했다. 어릴 적 벗겨지지 말라고 고무줄로 신발을 발에 동여매고 첫 발을 뗄 때의 기분이 이랬을까? 두렵기도 하고 신기하기도 했다. 발을 떼는 횟수가 늘어갈수록 안정되고 속도가 났다.

나무들이 보내주는 격려의 눈길이 따스했다. 아이젠을 부착한 발을 내디딜 때마다 얼음의 표면이 조금씩 벗겨지면서 내는 소리가 경쾌했다. 아직도 잠결인 듯 움츠린 전신의 촉각에 음표가 걸렸다. 겉마른 나뭇등걸에서도, 등산객의 손길을 타 반질반질한 나무에서도 노랫소리가 들리는 듯했다. 온 산이 들려주는 노랫소리와 경쾌한 리듬을 타고 가슴에 스미는 산의 이야기가 정겹다. 쓰삭쓰삭, 싸사삭 쓰시식. 얼음과 아이젠이 일으키는 파장이 아니었으면 나무의 더 많은 이야기를 들었을 텐데…….

한참을 걸으니 초보 티가 났다. 어디 쉴 곳이 없을까 자꾸만 주위를 두리번거렸다. 턱까지 차오르는 호흡을 조절하면서 딸아이와 앞서거니 뒤서거니 걸었다. 쉬었다 가자고 보채는 딸아이의 손을 힘껏 잡았다. 앳된 부모의 손을 잡고 우리 옆을 스쳐 앞서가는 대여섯 살쯤 되어 보이는 아이들이 시선을 잡는다. 산행의 고통을 몰라서일까. 산신령님이 그들에게 특별한 힘을 주어서일까. 가쁜 발을 떼는 아이들이 대견하다.

함께 출발했던 사람들의 뒷모습은 보이지 않았다. 이미 중턱쯤은 올랐으리라. 간혹 우리 뒤에 처져 올라오는 사람도 있었다. 그들을 보면서 잠시 여유를 가져본다. 삶이란 게 늘 그랬지 않던가. 야무진 꿈과 당찬 이상을 품고 살다가도 냉정한 현실 앞에서 숨고르기를 한 적이 몇 번이었던가. 자꾸만 헛도는 인생에서 거침없이 잘나가는 사람들을 따라가려 종종걸음을 쳤다면 하루를 살아내기도 힘들었을 것이다. 딸아이의 손을 잡고 지칠 땐 뒤를 돌아보는 여유를 가르친다.

대원사를 지나 수왕사에 오르는 길은 꽤 가팔랐다. 사실은 쉬었다 가자고 보채는 딸보다 내 갈등이 더 심했다. 대원사까지만 다녀가는 것으로 만족할 것을 괜히 수왕사를 고집했나 싶은 생각이 머릿속에서 얼크러졌다. 오늘은 정상까지 꼭 오르리라 했던 출발점에서의 다짐은 산길을 오르면서 빠져나가는 다리의 힘과 함께 사그라들었다. 다른 사람들 진로를 방해하지 않으려고 몇 번이나 곁길로 비켜섰다.

초보산행 자를 위한 바람막이 쉼터가 눈에 띄었다. 딸과 눈길을 교환하며 자리를 잡았다. 저만치 혼자 앉아 있는 사람이 있다. 실연을 당한 것일까. 사업에 실패를 한 것일까. 시한부 선고를 받은 것일까. 시선을 먼 곳에 주고 앉아 옆 사람들에게 곁눈도 주지 않는 모습이었다. 우리는 가져간 커피를 꺼내 조용히 마시면서 조심스럽게 한 잔 권했다. 말없이 받아 마셨다. 이것저것 궁금증이 갈증보다 심했지만 참았다. 종알거리던 딸애도 조용했다.

얼마나 지났을까 사내가 비척거리며 일어섰다. "가시지요." 얼굴색은 창백했지만 목소리는 건장한 오십대 초반의 아저씨였다. 약간의 거리를 두고 따라 걷기 시작했다. 초보 티가 나는 모녀에게 마음의 빗장을 열기 시작했다. 그는 실연을 당한 것도, 사업에 실패한 것도 아니었다. 시한부 선고를 받은 것은 더더욱 아니었다. 단지 아무리 열심히 해도 늘 이인자 자리에 머물러야 했다. 모든 면에서 뒤떨어지는 것은 아니었지만 단 한 번도 정상을 차지해보지 못했다. 학창 시절에는 강력한 라이벌인 친구가 시험 날 결석을 해서 이번엔 1등을 하겠지 생각했는데 예기치 않은 실수로 2등을 하였다. 가족들에게도 평범한 남편으로 아빠로, 큰 불만을 주는 사람은 아니었지만, 1등 신랑, 1등 아빠는 아니었다고 회상했다. 말씨로나 풍기는 이미지로나 그분의 말에서 진실이 느껴졌다. 누구에게 몹쓸 짓 하고 살 사람 같지는 않았다. 이제 지천명을 넘고 보니 단 한 번도 정상에 서보지 못했다는 것이 회한으로 남는다 했다.

힘겹게 수왕사에 올라 약수 한 모금 마시고 사진촬영을 부탁했다. 딸과 함께 처음으로 오른 곳이다. 간간이 모악산에 갔지만, 늘 대원사에서 돌아 내려오곤 했다. 내게 오늘 산행은 정상에 오른 거나 다름없다.

"어이, 난 오늘 기어이 정상에 오르고 말 것이네."

같이 산에 오르다 하산한 일행에게 그는 다짐했다.

하산을 서두르는 우리에게 손을 흔들어 보이고 그는 정상을 향해 출발했다.

내 자리

장맛비가 내리는 날이었다. 편지 쓰기 강좌를 위해 초등학교에 갔다. 주차 공간을 찾아 두리번거리니 비가림막이 있는 곳에 넉넉한 공간이 눈에 띄었다. 횡재한 기분으로 반듯하게 주차했다. 초행길이라 서둘렀더니 30여 분은 일찍 도착한 듯싶었다. 차 속에서 강의할 내용을 살폈다.

그 사이 여러 대의 차가 들어왔다. 비가림막 안에 또 다른 주차 공간이 있음에도 그들은 장대비가 쏟아지는 곳에 주차했다. 잠시 후 한 대의 중형차가 들어왔다. 내 차 앞에 정차하더니 차 안에서 삿대질 비슷한 손짓을 했다. 왜 저러지? 이상한 사람 다 보겠네. 투덜대고 있는데 다른 곳에 주차하고 들어가던 사람이 큰소리로 말했다.

"거긴 교장 선생님 주차장입니다. 차 빼세요."

신속히 빼주지 않으면 복장 제대로 갖추지 않았다고 선도부에게 혼나는 학생이 될 것 같았다. 왜 빼야 하냐고 따지기라도 하면 경찰이라도 부를 것 같은 공포가 엄습했다. 일단 비가 퍼붓는 곳으로 차를 뺐다. 내 차가 주차했던 자리로 중형차가 미끄러지듯 들어갔다. 대체 어떻게 생긴 사람일까? 한참을 바라보는데 옷의 먼지를 툭툭 털며 뒤도 돌아보지 않고 안으로 쏙 들어갔다. 뒷모습이 국회의원 당선자 같았다.

가끔 도심지 주변 산에 가기 위해 주차하려고 공간을 찾다가 '거주지 주민 우선' 이라고 표시된 주차장은 봤지만, 넓디넓은 주차장에 아무 표시도 없는 곳이 교장 전용이라니. 강의 준비를 하던 차분한 마음에 권위의식, 직권남용 등등의 단어가 어지럽게 교차했다. 차 속에서 무섭게 내리는 빗줄기를 바라보며 한참을 앉아 있었다.

또 다른 강사가 도착하고서야 차에서 나왔다. 4시간 동안 아이들과 시간을 보내고 나니 거짓말처럼 장대비가 멎었다. 탱탱한 햇살이 낡은 내 차 위에서 몸을 말리고 있었다.

비 갠 날씨처럼 어느새 물벼락 맞은 마음도 풀렸다. 생각해 보니 나도 그 비슷한 경험을 한 적이 있다. 오늘도 나무 그늘에 주차할 수 있을까? 제발 그 자리가 비어 있었으면……. 출근할 때마다 간절히 빌곤 했다. 직장 근처 주택가 도로에 주차하기 때문에 누구든 선점하는 게 주인이다. 한동안 나무 그늘은 내 자리처럼 굳어졌다.

어느 날 출근했는데 내 자리인 줄 알았던 그곳을 다른 차가 점령하고 있었다. 그 자리를 차지하려고 애써 일찍 출근했는데……. 누구인지도 모르는 차주에게 원망의 화살을 던졌다. 그러나 그곳은 임자가 없지 않은가? 누구든 주차할 수 있는 공간인데 마치 내 전용인 것처럼 누군가를 원망했다. 그늘 자리를 차지하지 못한 날이면 안타까움보다 원망이 앞서곤 했던 것이다.

얼마 전 이사를 했다. 역시 주차 전쟁이다. 지하주차장이 있지만 이용하기 불편해서인지 지상주차장 차지하기가 하늘의 별따기다. 공간이 없으면 일단 지하주차장 쪽으로 가다가 다른 동 지상주차장에 공간이 있으면 주차하곤 했다. 자신의 자리처럼 굳어져 전용이라고 생각했던 누군가는 얼마나 상실감이 컸을까? 내가 교장 선생님을 원망하고 순 무식한 사람으로 여겼듯이 그 사람도 분명히 나를 원망했겠지.

세상을 살면서 남의 말일랑 할 것이 없다던 어머니 말씀이 떠오른다. 내가 그 입장과 그 상황에 놓여보지 않고는 그 사람의 마음을 다 헤아릴 수 없다.

언젠가 자리를 놓고 나는 누군가를 심히 원망한 적이 있다. 내 자리인데 다른 사람에게 주었다고. 그러나 과연 그 자리가 내 자리일까? 타고난 나의 원초적 자리 말고 나의 전용 자리가 어디란 말인가?

일찍 도착한 차가 주차하면 되는 주차장처럼 누구라도 차지할 수 있는 자리였다는 것을 이제야 수긍한다. 그 자리에 어울리도록 자신의 실력을 쌓고 자신을 닦달했어야 했다. 내 자리일 것 같지만 누구라도 그 자리의 주인이 될 수 있는 것이다.

장대비 거둔 하늘이 무척 높다. 잠시지만 주차 공간 문제로 상대를 이상한 사람이라고 원망했던 자신을 돌아본다. 맨 앞자리에 앉아 어설픈 내 강의에 집중하던 어린이보다 작은 나를 발견한다.

생각 차이

● 지인은 몇 년 전 직장동료들과 어울려 나이트클럽에 갔다. 사십대 중반이 되고 보니 그런 곳에 갈 기회가 영 없을 것 같은 불안감이 들었다. 더 늙어 입장불가 되기 전에 한 번쯤 가봐야겠다는 조급함에 젊은 여직원들을 꼬드겼다. 참외 서리하러 가는 아이처럼 두리번거리며 입구에서 저지당하는 불상사가 일지 않기를 간절히 빌었다. 정신없이 번쩍거리는 조명 사이를 왔다 갔다 하는 사람들에 섞여 아줌마 티내지 않으려 안간힘을 썼다. 빙글빙글 돌아가는 조명등 아래서 시선 처리를 못하고 어색하게 앉아 있는데 까만 원피스를 입은 아가씨가 눈에 띄었다. 등이 반쯤 보이게끔 내려간 원피스의 지퍼를 발견

하고 깜짝 놀라 달려가 "아가씨, 지퍼 내려갔어요."하면서 올려 주었더니. "일부러 내려놓은 거예욧."하더란다.

콧노래를 부르며 발길을 재촉한다. 딱히 갈 곳도 약속도 없으면서 낡은 자가용에 콧바람을 집어넣는다. 요란한 소리를 내면서 목적지만 정하라고 시동이 걸린다. 가을바람은 곁을 그냥 스치는 법이 없다. 살짝 볼을 건드리고 가슴을 훑고도 휙 빠져나가지 않고 소용돌이치며 바람의 맘대로 움직인다. 집으로 직행하는 코스로 달리지 않고 빙 돌아가는 코스를 택한다.

도심의 거리는 귀가를 서두르는 차량들의 경적소리로 가득하다. 고풍스런 분위기에 숨소리도 낮추어야 할 것 같은 우리가락 흐르는 전통찻집? 아직 가을 물이 덜 오른 은행나무 버티고 있는 경기전? 한여름 꽃대궁을 힘차게 밀어 올려 전주 시민의 휴식처가 된 덕진공원? 맘은 이미 야간 여행길에 오른다. 도심지 도로에도 한쪽에 차를 세워놓고 쉴 공간이 있으면 얼마나 좋을까. 겨울바람에 나부끼는 한 장의 달력을 바라보는 맘으로 쉬엄쉬엄 달리고 싶은데 스치는 차량들의 숨소리가 가쁘다.

생각으로만 시내에 자리한 멋진 휴식공간을 휘돌고 집 방향으로 차선을 바꾼다. 전주시의 한복판, 시청 근처 사거리 신호등 불빛 앞에 얌전히 선다. 순간 차가 쿨럭쿨럭 기침소리를 내더니 딱 멎어버린다. 정전이 잘되던 학창 시절 한 줄만 쓰면 숙제 마치는 순간, 파닥하고 나가버리던 전깃불. 이유도 모르고 암흑에 갇혀 있으면 언제였냐는 듯 백열등 불이 슬며시 켜지곤 했다.

'check engine' 이라는 영어 활자에 빨간불이 들어왔다. 왜 그러지? 키를 돌리고 또 돌려도 꿈쩍을 안 한다. 중 · 고등학교 때 죽어라 공부 안 하고 버티던 아들놈을 달랠 때처럼 키를 돌려가며 사정을 해도 꿈쩍을 안 한다. 인문계 고등학교 졸업장은 있어야지, 검정고시는 좀 그렇지 않겠냐고 설득할 땐 용돈을 곱절로 주면 됐다. 대로에 딱 버티고 서버린 애마를 달래는 비법은 무어란 말인가. 아들놈은 말이라도 통했지. 이건 도대체 묵묵부답이다.

머리가 멍했다. 무의식중에 컴퓨터 키를 잘못 만져 소중한 것들을 모두 날려버렸을 때처럼 머릿속이 하얫다. 아니 까맸다. 가슴은 쿵쾅거리고 어찌해야 하는 것인지 잠시 뒤죽박죽되어 버린 머릿속을 진정시키니 카센터 생각이 났다. 입안에서만 맴돌던 단어가 순간적으로 떠오른 것은 기적이었다. 카센터 사장님은 평소보다 자상했다. 친절하게 안내해줄 때 문득 아버지 목소리가 떠올랐다. '걱정하지 마라. 두려워하지 마라. 담대해라.' 하이카 서비스를 신청하고 바보상자가 되어버린 차 안에 앉아 있는 일은 대단한 인내심이 필요했다. 어둑어둑한 시간이었음에도 난 영락없이 동물원 원숭이가 되었다. 눈총이 온몸에 화살로 꽂혔다.

왕복 사차선 사거리에서 비상등만 켠 채 버티고 있는 차체를 뚫고 신경질이 와 박혔다. 신호대기 차인 줄 알고 뒤로 가지런히

줄을 섰다가, 직진불이 들어와도 꼼짝 않는 바보 같은 여인네의 차에 대고 경적을 요란하게 울렸다. 미안해서 눈을 뜨고 있을 수가 없었다. 퇴근 후 달려가는 많은 차량들의 급한 속사정을 일일이 듣지 않아도 다급하게 울려대는 소리를 들으면 안다. 그들의 목적지에는 사랑하는 사람과의 약속이 있거나, 집에 편찮은 노모가 있을 것이다. 급한 맘에 택시 안에서 동동거리던 때가 있었다. 달리다 경미한 사고로 두 대의 차량이 도로를 막고 시시비비를 가리고 있을 땐 한심한 욕이 먼저 튀어나왔다. 나도 그런 상황에 처하게 될 수도 있다는 일은 한참 시간이 지난 후에야 슬며시 깨닫게 되곤 했다.

눈을 감았다. 시동이 꺼져버린 차는 네모반듯한 상자 같았다. 난 그 상자 안에서 이러지도 저러지도 못하고 갇혀 있다. 구세주처럼 견인차가 왔다. 사십대 중반에 때 이른 치매증상인가? 이번엔 또 키를 꽂은 채로 문을 잠근 것이다. 다시 하이카 서비스 신청을 하고 또다시 원숭이탈을 쓰고 있어야 했다. 견인차가 앞에서 버텨주고 있으니 지나는 차량들에게 인식이 되는지 경적은 사라졌다.

카센터에 실려 갔다. 어찌된 영문인지 멀쩡하게 시동이 걸렸다. 귀신에게 홀린 것만 같았다. 이것저것 살펴봐달라고 사정했다. 소형 컴퓨터 모양의 자동차 진단기를 가져다 핸들 아래 어느 선에 대고 뭔가 살핀다. 그러나 이상이 없는 것으로 진단이 된다고 오일만 갈고 가란다. 어리둥절한 표정으로 나오려는데 카센터 직원 자상하게 한 가지 가르쳐 준다. 도로에서 갑자기 차가 섰을 땐, 비상등을 켜는 것은 상식이고, 뒤 트렁크를 열어 놓아야 한단다. 그래야 다른 차량들이 고장차로 인식하고 조치를 취한다는 것.

한 이틀 차는 잘 달렸다. 그 악몽이 다시 재현되리라고는 생각지도 않았다. 전날 꿈을 이어서 꾸기도 하는 사람이 있다는 소리를 들은 적이 있다. 하루 이틀 사이로 연거푸 똑같은 증상으로 차가 선다는 건 듣지 못했다. 토요일 오전 근무를 마치고 시내 길을 달리다 또 원숭이가 되었다. 차분하게 뒤 트렁크부터 열어놓고 비상등을 켜고 서비스 신청을 했다. 주말이라선지 또 한참을 거리에 서 있어야 했지만, 느긋했다. 그럴 수도 있지. 자못 스스로를 위안했다. '고장 난 차입니다.' 라고 표식을 해두었다는 배짱이기도 했다. 그런데 또 얼마지 않아 경적을 울리는 차들이 많아진다. 어떤 차는 바짝 옆으로 차를 들이대고 트렁크가 열렸다고 경적소리보다 큰소리를 지르고 간다. 멀쩡한 대낮에 대로변에서 비상등에 뒤 트렁크까지 열린 차를 세우고 짐짓 여유를 부리고 앉아 있는 여인네의 모습이 못마땅했을까? 엊그제 '큰 수확' 이라고 생각하며 배운 그 상식이 통하지 않네 그려. 어찌된 거야? 혼자 생각에 잠겨 있는데 차체가 요란하게 흔들리면서 쾅 하는 소리가 난다. 깜짝 놀라 돌아보니 풍체 좋은 아줌마가 트렁크 열렸다고 친절히 닫아주고 간다. '일부러 열어 놓은 거예요.'

날개 잃은 새

,

● 연일 장맛비가 내린다. 지루하기도 했겠다. 물리기도 했겠다. 이제 다른 놀이가 하고 싶기도 했겠다. 달갑지 않은 빗방울이 바짓가랑이를 붙잡고 기어오른다. 오르다가 미끄러질 것을 뻔히 알면서 오르는 일이 흘러내리는 일인 줄 뻔히 알면서 포기하지 못하고 열심이다. 자식들 뼈 삭도록 키워봤자 흰머리 부옇게 산발되어도 객지생활에 쫓긴다는 핑계로 돌아보지 않을 줄 뻔히 알면서 젊음을 그들만을 위해 불사른 어머니의 무모한 사랑처럼 끝없이 빗방울의 수고는 계속된다. ㄷㅈ 연못에서 매일 정해진 시간, 음악에 맞춰 춤을 추는 분수의 한 톨 물방울도 못 되면서 열심히 바짓가랑이를 붙잡고 기어오른다. 빗

방울.

그녀는 오늘도 어김없이 창가에 벽화처럼 서 있다. 깊은 주름살 아래 보일 듯 말 듯 그려진 눈까풀 안에 초점 잃은 눈동자를 힘없이 굴리고 있다. 긴장이라고는 찾아볼 수 없는 그녀의 눈동자에 얼비치는 그림은 무엇일까?

벚나무 푸른 잎이 하늘을 빈틈없이 가려버린 아파트 단지, 재개발 이야기가 수면으로 떠오를 만큼 오래된 나무들이 만든 터널길. 사랑하는 가족들의 희망표 책임이 얹힌 어깨를 힘차게 흔들며 일터로 향하는 건장한 중년신사가 있다. 딸아이의 책가방을 어깨에 걸치고 커다란 우산 안에 모녀가 깃들어서 도란도란 걸어간다. 모처럼 학교에 일찍 갔던 덜렁이 사내아이가 첨벙첨벙 일찍 빠져나온 집을 향해 뛴다. 그 발끝에서 떨어지는 물방울, 가느다란 햇살에 버무려져 부서지는 모습들이 그녀의 눈동자에서 그려지고 있다. 그녀의 눈동자에서 지워지고 있다.

길 가는 모든 사람들을 눈물마저 말라 버린 퀭한 눈으로 그저 바라보고 서 있는 그녀는 성근 깃털 흠뻑 젖은 한 마리 새다.

청소 한 번 하지 않은 듯한 잿빛 창문 바깥 강철로 만든 창살. 하얀 머리가 창문 가장자리 10센티미터도 올라오지 못하는 작은 키로 창틀에 눈만 걸치고 있다. 초점 없는 눈을 들어 그저 바람 지나는 길만, 작은 날개 파닥일 수 있을 것 같은 하늘만 향하고 있다.

매일 아침 분주하게 젖은 손을 닦고 행여나 지각할까 애보다 먼저 뛰어나가던 젊은 시절, 지각한다고 울상 짓는 딸애의 책가방을 들고 내달렸고, 회사에서 무능한 사람 되지 않게 하기 위해 숙취를 대신 몰아주는 착한 아내였다. 가끔 소일거리삼아 이웃집의 일손이 되기도 했고, 시댁으로 친정으로 궂은일 도맡아 처리하는 슈퍼우먼이었다. 오늘처럼 장맛비가 내리는 날에도 끄떡없이 날개를 퍼덕일 수 있었고, 더 많은 사랑과 더 많은 희생을 스스로 행복이라 여겼다. 흰머리가 나려고 가렵던 머릿속을 긁을 시간도 없었다. 그녀는 언젠가는 자신의 어깨에서 퇴화해버릴 날개의 인생 주기를 의식하지 않았다. 애써 외면했다.

온 세상이 하얀 눈으로 덮였던 지난겨울에도 그녀는 그림처럼 그 창가에 서 있곤 했다. 찬바람이 창문을 잡아 흔들던 그날에도 그녀는 어김없이 눈물이 그렁거리는 시선으로 밖을 보고 있었다. 일층이라서 덧붙인 방범창이 그녀를 마치 철창 안에 갇힌 한 마리 가녀린 새이게 했다. 늘 하고픈 말이 많은 눈으로 밖을 바라보는 그녀에게는 그것이 오직 세상으로 통하는 유일한 통로였다.

출근할 때마다 나도 모르게 그녀를 찾곤 한다. 가끔은 티브이 소리가 창문을 뚫고 길거리에 낙엽처럼 흩날리기도 하고, 창문에 햇살이 그림을 그리고 있는 시각에도 전등은 어두침침한 방안에 보름달처럼 둥실 걸려 있기도 한다. 그녀의 젊은 시절 모습을 상기시키려는 듯.

무슨 일일까? 밤새 무슨 일이 있었던 것은 아니겠지?

불현듯 어려운 가정 형편에 4남매를 힘겹게 키워 출가시키고 농촌에서 살고 있는 우리 엄마가 떠오른다. 매일 전화 통화를 해도 어쩌다 받지 않을 때의 불안감이 그녀의 창문을 통해서 재현된다.

어머니는 심장판막이 제 기능을 하지 못하게 되어 인공판막으로 이식한 지 7년째다. 몸이 너무 약해 머리 염색을 하지 못하고 사는 어머니는 이제 칠순의 연세임에도 팔순은 되어 보인다. 팔순의 손윗동서와 함께 병원에 가면 십 중 팔구는 어머니에게 손위냐고 묻는단다. 그녀의 머리칼을 볼 때마다 친정어머니의 백발이 떠오른다. 누군가도 시골집에 홀로 있는 어머니를 보고 있을 것이다. 방범창이 둘러진 그녀의 창문 대신에 흙집에 달린 봉창을 통해서…….

왜 그녀는 날마다 혼자 있을까? 왜 날마다 창밖을 보면서 그저 멍하니 서 있을까? 그녀에게도 분명 반듯한 자식들이 있을 것이다. 그녀의 깊게 패인 주름을 보면 알 수 있고, 그녀의 너무 작은 키를 보면 알 수 있다. 자신의 인생을 불살라 애지중지 길러내었을 여 보란 듯한 자식들이 있을 것이다. 그러나 자식들은 생계를 위한 일자리를 찾아서 어쩔 수 없이 노모를 홀로 두고 객지에 나가 살고 있을 것이다. 요즘은 시골에 가면 3분의 2는 홀로 사는 분들이다. 집집마다 과부 아니면 홀아비다. 그것도 칠순이 넘은 분들이다. 매일 아침 내 발길을 촉촉이 젖게 하는 그녀의 모습이 바로 내 어머니인 것이다. 좁은 집에서 서로 뜨거운 살 비비며 살던 그 시절을 회상하는 그녀인 것이다.

오늘도 그 창가에는 날개 잃은 작은 새가 우두커니 서 있다. 내 고향집 창가엔 우리 어머니가 저렇게 서 계시겠지.

몽실이

● 어느 일요일. 모처럼 티브이 앞에 앉아 있다가 〈동물농장〉이라는 프로그램에 사로잡혔다. 서울 어느 피부미용실에 매일 저녁 여섯 시면 3개월째 하루도 거르지 않고 찾아오는 손님이 있었다.

피부미용실 개업을 준비하는 아가씨가 개업을 앞둔 어느 날 쓰레기장에서 고양이를 만났다. 가게로 따라 들어오려는 고양이에게 나중에 놀러오라고 무심코 한 말이 인연이 되었다. 다음날부터 초대에 응답이라도 하는 듯 하루도 빠짐없이 찾아왔다. 그를 피부미용실 아가씨들은 몽실이라 불렀다. 6시 5분 전이면 출입문의 잠금쇠를 살짝 풀어놓고 응접실에 정갈한 물과 사료를 준비하여 애인을 기다리듯 몽실이를 기다린다. 같은 반 사내아이를 짝사랑하는 계집아이가 사내아이의 책상 속에 슬그머니 쪽지 편지를 놓듯 몽실이는 가만가만 들어온다. 준비된 만찬을 배부르게 먹고 소파에 오른다. 한참을 푸근한 소파에서 가장 편안한 자세로 뒹굴다 잠을 잔다. 자세를 바꿔 가며. 가게 문을 닫을 시간이 돼도 몽실이는 일어날 생각이 없다. 퇴근 준비 완료 후 살며시 어깨를 어루만지면 기지개를 켜며 마지못해 일어선다. 그렇게 시작된 동거다.

대체 몽실이의 주인은 누굴까? 집은 있을까? 이곳에서 나간 후는 어떻게 지낼까? 궁금증이 자란 어느 날, 몽실이의 목에 메모를 달아준다. '이 고양이를 아는 분 연락 주세요.' 다음날 여섯 시가 넘었는데도 몽실이는 오지 않았다. 괜한 짓을 한 건 아닌지 걱정이 깊어갈 즈음 몽실이가 나타났다. 몽실이의 목에는 작은 쪽지 하나가 묶여 있었다. '오후 3~4시 사이에 주차장 근처에서 매일 보았고, 그 고양이와 놀기도 했습니다.' 삐뚤빼뚤 써진 글씨의 주인공은 초등학생. 그 학생을 찾아가서 확인하니 정말 그 시간에 몽실이는 주차장 근처를 배회하고 있었다.

근처를 배회하는 몽실이의 눈에 고인 눈물에서 곰돌이의 모습이 떠올랐다. 오래전 자신을 잃고 찾지 않는 무심한 주인을 찾아 헤매는 것은 아닐까? 남들이 기르는 애완동물을 바라보며 길게 늘어뜨린 털을 잠깐씩 만져보는 것은 좋아하지만, 직접 기르는 일은 내키지 않았다. 고정관념인지 도저히 내 공간에서 함께 밥을 먹고 잠을 잔다는 것은 상상할 수도 없었다.

초등학생 딸은 늘 애완견을 동경했다. 아파트 생활에 길들여진 딸이 주택으로 이사해야 하는 상황을 받아들이는 조건은 강아지 한 마리 키우자는 거였다. 방안에서 키우는 것 말고 마당 한편에 키울 수 있는 멍멍이쯤으로 허락하고 이사했다. 지인의 소개로 우리 가족이 된 멍멍이 '곰돌이'와 정이 들었다. 오물을 안 치운다고, 청소도 잘해주지 않는다고 혼내는 내 목소리가 가끔 담장을 넘기도 했지만 우리들의 동거는 2년을 채워가고 있었다.

곰돌이와의 동거에 대한 신선함도 시들해질 무렵 아파트로 이사를 하게 되었다. 곰돌이의 거처가 문제였다. 이사 갈 집 청소를 하러 가는 날, 뒤따라오던 곰돌이를 잃었다. 자신을 놓고 머리 맞대고 고민하고 누구 집으로 보낼까 의논하는 가족들의 맘을 읽은 걸까?

다음날 다시 쪽지를 매달았다. '이 고양이의 주인은 연락주세요.'

몽실이는 문구점, 양장점 등등에서 묶어준 쪽지를 대롱대롱 달고 왔다. 밤에 빌라 옥상에서 잠을 자고 간다는 쪽지도 달려 있었으나 주인이라는 말은 한 줄도 없었다.

결국 동물농장 프로그램 관계자들은 고양이 목에 위치 추적기를 달았다. 쪽지에 적혔던 말처럼 몽실이는 주차장에서 놀고 문구점에서 주는 밥도 먹었다. 양장점에서 주는 생선도 먹었다. 몽실이의 위치를 추적해 찾은 곳은 빌라 옥상의 작은 창고. 건축 폐기물로 너저분한 그곳엔 형체도 알아볼 수 없는 고양이 사채 세 구가 있었다. 몽실이는 그들 곁을 맴돌며 긴장을 늦추지 않았다. 비록 숨을 쉬지 않지만, 결코 버릴 수 없는 자신의 핏줄을 지키려는 어머니였다. 매일 밤 몽실이는 그곳에서 부패한 사채와 함께 지냈던 것. 주변을 탐문한 결과 2년 전 어미 고양이 한 마리와 새끼 고양이 세 마리가 이 마을 주변을 돌곤 했다는 것이다.

몽실이는 주인 잃고 혼자서 아기를 낳아 감당하다가 더 이상 새끼 고양이 건사할 능력이 없어진 것. 어쩌면 먹지 못해서, 어쩌면 병이 들어 새끼들을 잃고 그곳을 떠나지 못하고 살고 있었던 것. 사체이지만 자신의 새끼가 들어 있는 옥상의 작은 창고 안을 철통같이 지키고 있었다. 낮에는 허기를 채우기 위해 이곳저곳을 배회하고 다녔지만, 밤이면 어김없이 새끼들 곁으로 깃들곤 했던 것이다.

수의사가 방문하여 새끼 고양이의 사채를 수습하는 동안 몽실이는 눈물 그렁그렁한 눈으로 무겁게 자리를 지키고 있었다. "너의 자식들 잘 묻어 줄게." 그 말을 알아듣기라도 한 듯, 몽실이는 한참 멍하니 바라보다가 슬며시 자리를 떴다.

곰돌이를 끝까지 찾지 않은 나는 한참 동안 자리를 뜰 수가 없었다.

친구 따라 강남 갔다가,

퇴근 무렵 친구에게서 전화가 왔다. 공짜 티켓이 생겼으니 함께 가잔다. 연일 여러 가지 일들로 인해 많이 피로했지만 '박상민'과 '유리상자'가 온다는 말에 마음이 동했다. 나는 그때까지 유명 연예인의 공연을 관람해 본 적이 한 번도 없었다. 어려서는 시골에서 살아 그랬고, 어른이 돼서는 생활에 쫓기다 보니 그랬다. 그러나 초대가수들 사이에 박상민이라는 가수와 유리상자가 있다 하니 마음이 움직일 수밖에…….

7시에 시작이라니 퇴근해서 바로 가면 되겠거니 했다. 또 다른 친구까지 오랜만에 여고동창생 셋이서 김밥이랑 삶은 달걀을 준비하여 전주 소리문화의전당으로 향했다. 야외공연장이라고 했다. 이미 마음은 여고생이 되어 있었다. 달리는 택시인데도 마음이 먼저 달렸다. 차에서 내리면 최고의 속력을 내서 달려가 앞자리에 앉아야 하리라. 신발을 고쳐 신고 차에서 내리려는데 그만 입이 쩍 벌어졌다. 야외공연장과 멀리 떨어진 소리문화의전당 입구까지 인간 띠가 길게 늘어져 있었다.

초등학생부터 내 또래의 주부, 아저씨들까지 상상할 수 없는 인파가 석양빛 아래 상기된 표정으로 줄을 지어 서 있었다. 삼성디지털 플라자에서 고객에 대한 사은행사로 객장 방문객 모두에게 입장권을 배포했던 모양이었다.

공연 시작은 7시라고 했는데 8시가 다 될 때까지 제자리에서 겨우 한 발짝씩만 움직일 뿐이었다. 민족의 대이동 시 고속도로에 서 있는 귀향 차량이 이처럼 더디고 지루할까.

여기저기서 짜증이 전염병처럼 일어 번졌다. 인간 인내심의 한계는 1시간 30분(?)이라던가. 그 정도의 기다림이 있은 후부터 번지는 짜증의 병균은 무섭게 영역을 넓혔다. 삼성디지털이 아니라 돼지털이라느니, 공짜 공연이라서 이런다느니, 사람 대접이 아니라 짐짝 대접을 하는 것이라느니, 삼성을 이용하지 말라는 홍보를 하는 것인가 보다느니…….

그러나 우리는 투덜대는 많은 젊은이들 사이에 끼어 있다는 것만으로도 즐거웠다. 서서히 배가 고파 왔다. 다리도 무척이나 아팠다. 들고 온 김밥을 선 채로 먹었다. 친구들과 함께한다는 즐거움이 모든 것에 너그러울 수 있는 효력을 발휘하는 시간은 그리 길지 못했다. 슬슬 화가 나기 시작했다.

서민들 우롱하는 것도 아니고 이게 뭐란 말인가? 야외공연장 수용 인원을 파악해서 대략의 인원을 점검하여 좌석보다 남아도는 인원은 미리 돌아가도록 안내를 했어야 하는 것 아닌가 하는 불만이 솟구쳤다. 1시간 30여 분을 한 발 한 발씩 옮기다 거의 공연장 입구까지 왔는데 바로 우리 앞을 가로막으며 이제 여기서부터는 안 될 것 같으니 좀 더 기다려보든지 아니면 돌아가든지 하란다. 안내원의 그 말이 떨어지자 순식간에 대열은 오합지졸이 되었다. 발이 퉁퉁 붓도록 다리가 휘청거리도록 서 있었던 그 고역을 어디서 보상받는단 말인가.

그때, 공연장에서는 가수가 입장을 한 모양, 고함소리가 아니 비명소리가 하늘 높이 튕겨 올랐다. 대형 사고라도 난 것처럼 아수라장이었다. 그 소리가 들리자 공연장 밖의 아슬아슬하던 질서는 순식간에 무너졌다. 어른 아이 할 것 없이 대열을 흩어버리고 앞으로 돌진한다.

그 순간 옆에 있던 친구는 가두연사가 되었다.

"여러분, 어린 자녀들이 보고 있습니다. 어린 자녀들이 보고 있습니다. 질서를 지킵시다. 부끄럽지 않습니까?"

그러나 그 용감한 구호는 바람결에 사라지는 헛구호에 불과했다.

우리는 그 대열에서 조심스럽게 빠져나왔다. 오후면 으레 붓는 발이지만 장시간 서 있었더니 신발이 발을 거부했다. 어둠은 사람을 더욱 용감하게 하는가, 부끄러운 줄도 모르고 신발을 벗어 양손에 들고 소리문화의전당 카페로 들어갔다. 발도 아프고 다리도 아파서 도저히 더 이상 걸을 수 없는 상황이었다. 우리는 팥빙수를 시켜 먹으며 소리 내어 웃었다. 언제 우리가 이런 아수라장에 동참할 수 있겠느냐며, 언제 이렇게 설레는 마음으로 가수를 만나기 위해 장시간 공연장 앞에서 동동거릴 수 있겠느냐며…….

인간은 추억을 먹고사는 동물이라 했다던가. 한동안 배불리 먹을 추억을 만든 저녁, 팥빙수는 더욱 시원하고 달콤했다. 공연을 관람한 것만큼이나 가슴은 뿌듯했다. 친구와 함께했기에 그 시간이 고통이 아니고 즐거움과 행복으로 느껴졌다.

친구 따라 강남 간다더니 우린 친구 따라 지옥문 앞에 갔다 온 것이라며 한참을 웃었다.

결혼식장에서

● 일요일 아침부터 부산했다. 모임 회원 중 한 언니가 며느리를 맞이하는 날이다. 사치를 하는 것은 아니지만 적어도 때와 장소에 맞추어 의복을 갖추어야 한다는 고집 같은 게 있는 나는 전날 무슨 옷을 입고 갈까? 옷장 안을 샅샅이 뒤졌다. 예의와 격식을 갖추어 입고 가서 기쁜 마음으로 축하를 해 주어야 한다는, 그래야만 신랑 신부가 행복하게 잘 살 것만 같은 마음이다.

동행하자던 언니도 나와 같은 마음이었나 보다. 약속 시간 10분 전에 전화가 온다. 아무래도 마땅한 옷이 없어 가게에 들러서 옷 하나 골라 입고 가야 할 것 같단다. 옷가게를 하는 언니가 옷이 없다니 웃음이 나오기도 했지만, 그 옷 한 벌 팔면 얼마의 소득이 있을 텐데 계산하면 차마 자신은 옷 가게에 진열된 옷 한 벌 마음대로 선택할 수 없었으리라는 점을 생각하니 마음이 짠하다.

역 부근 '워싱턴 웨딩홀'까지는 20여 분이 걸렸다. 약속이나 한 것처럼 거기 모여든 회원들은 한결같이 정장으로 단정하게 입었다. 평소 편안한 옷차림으로 만났던 지인들이었는데 격식에 맞게 차려 입은 모습들을 보니 옷이 날개라는 말이 떠오른다.

결혼식장은 발 디딜 틈이 없이 혼잡했다. 식장 안으로 들어가니 이미 결혼식이 진행되고 있었다. 앞좌석에 앉아 있는 신랑의 모친인 지인은 신부보다 더 아름답게 보였다. 차려 입은 한복이 그분의 피부색과 헤어스타일과 아주 잘 어울려 예식장을 환하게 밝히는 자태가 새신랑 신부의 행복한 신혼생활을 예언이라도 하는 것처럼 느껴졌다. 신부의 어머니가 입은 편리한 생활한복과는 다소 차이가 있다. 생활한복은 말 그대로 일상 생활할 때 입어야 하는 옷임에 틀림없다는 생각이 든다.

결혼식순에 의해 식은 진행되었다. 신랑 신부 맞절과 주례사 등등. 결혼식 마무리 단계에서 양가 부모님께 인사를 드리는 순서다. 먼저 신부 측 부모님께 인사를 한다. 신랑은 복스럽게 큰절을 한다. 아름다운 신부를 주신 것에 대한 감사의 마음이 물씬 느껴진다. 다음은 신랑 측 부모님께 그동안 잘 길러 새로운 가정을 꾸릴 수 있도록 애써 주신 은혜에 감사 인사를 하는 차례다. 그런데 신랑이 이번에는 큰절을 하지 않고 평절을 한다. "아니 이놈 봐라?" 갑자기 동행한 한 언니의 입에서 신음 같은 말이 튀어나왔다. 그 언니도 얼마 있지 않으면 곧 며느리를 얻을 입장이라서 그랬을까? 30여 년을 함께해 온 자신의 부모님께는 자신도 모르게 평소 습관대로 그리 했는지 모르겠지만 그것은 신랑의 실수다. 신랑의 어머니 마음은 어땠을까? 결혼 생활은 쉬운 것 같지만, 누구나 하는 것이지만, 그렇게 호락호락하지 않은 것임을 깨우치게 하는 첫 번째의 관문이었는지도 모르겠다.

이어서 사회자는 즉석 제안을 했다. 그동안 신부를 곱게 길러 아내로 흔쾌히 주시는 장모님을 업고 장내를 한 바퀴 돌라 한다. 몇 번의 망설임 끝에 장모는 새 사위의 등에 올랐다. 눈물이 글썽해진 모습으로 조금은 부끄러운 듯, 그러나 내내 눈물로 딸의 결혼식을 지켜보던 엄마의 모습이 조금은 훈훈해지는 것 같아 장내는 숙연했다. 방금 전 신랑의 실수처럼 사회자가 혹 실수로 신랑의 어머니 업는 순서를 빠뜨리면 어쩌나 가슴 졸이고 있는데 사회자는 신랑의 어머니도 그동안 길러주신 은공에 감사하는 마음으로 업고 장내를 한 번 돌라 한다. 또 새신랑은 깨진 바가지에서 물이 새어나오듯 작은 실수를 했다. 장모님을 업고는 예식장 끝까지 가던 신랑이 자신의 어머니를 업고는 중간까지 갔다가 원위치를 한다. 그동안 많은 결혼식장에 다녔지만 그런 사소한 장면 하나하나에 세심하게 신경이 쓰이는 것은 왜일까?

장모님과 친어머니를 비교할 일은 아니겠지만 양가의 어른들이 계시는 자리에서는 사소한 행동에도 세심하게 마음을 써야 할 것 같다는 생각이 들었다. 이제 고 2지만 내 아들의 결혼식 날 아침에는 반드시 사소한 것까지도 세심하게 주지를 시켜야겠다. 사회자가 양가 부모님을 상대로 무엇을 하라 하든 똑같은 마음으로 똑같이 행동해야 한다고. 속으로 그런 생각을 하니 빙그레 웃음이 나온다.

어느 결혼식장에서는 사회자가 새신랑에게 신부에게 바치는 노래를 즉석에서 부르게 했더란다. 새신랑이 부르는 노랫말은 모두 그 신부를 얼마나 아끼고 사랑하며 행복하게 살 것인지, 영원히 아니 죽을 때까지 너만을 위하며 살겠다는 맹세의 말뿐이더란다. 노래를 듣고 난 양가 부모의 얼굴빛이 확연히 차이가 나더란다. 신부 측은 얼굴에 흡족한 미소가 번지는 반면 신랑 측은 '저 죽일 놈' 하는 듯 미간을 찌푸리고 있더라는 이야기가 생각난다. 신랑 신부를 바라보는 사람은 누구나 예쁜 모습으로 백년해로하기를 바라는 마음이 클 것이다. 그러나 신랑 측과 신부 측은 팔이 안으로 굽는다는 속설에서 말해주듯 그들을 바라보는 관점이 정 반대일 수도 있다. 아들과 딸은 내 혈육이요, 며느리와 사위는 내 혈육에 딸려온 바깥사람이라 생각한다면 그도 문제지만 아들은 며느리를 우선시하고 딸은 사위를 사로잡아 아들 기른 부모를 등한시한다면 이는 더 큰 문제가 아닐까. 아들 며느리와 시가, 딸

사위와 친가의 관계가 원만할 수 있는 것은 이들 신혼부부의 마음과 행동에 따를 수밖에 없을 것이다.

며칠 전 서산에 있는 국화 농장에 다녀왔다. 겨울에게 자리를 내주고 물러나 앉는 가을의 뒷모습을 부여잡고 싶은 마음에 예정에 없이 갑자기 떠난 길이었다. 국화를 사랑한 부부가 오랫동안 국화를 기르다가 그 아름다운 모습과 향기를 나누고 싶다는 생각에 문을 열게 되었다는 그 농원에는 대문도 없고 입장료도 없었다. 누구든지 발길 닿는 대로 들어와서 맘껏 국화와 놀기를 바라는 부부의 마음이 국화꽃 향기와 어울려 더욱 진한 향기를 뿜었다. 오후에 출발한 길이었기에 국화 농장에 도착한 것은 약간의 어둠이 깔리는 시간이었다. 설치된 조명을 통해서 감상하는 여러 모양과 색깔의 국화는 환상적이었다. 여러 동의 비닐하우스 안에 다양한 국화들로 멋진 조형을 만들어 놓기도 하고 박과 어우러지게 진열한 곳도 있었다. 곳곳에서 몇 컷의 사진도 찍었다.

한 동의 하우스에는 시화들이 걸려 있어 더욱 조화로웠다. 다음날 가슴 가득 국화향을 담고 돌아오는 길에 대천을 경유했다. 대천 터미널에서 전주행 버스를 기다리는 일요일 오후, 결혼식을 막 끝낸 신혼부부와 그의 친구들 한 패거리가 터미널 대합실로 몰려왔다. 대합실에 앉아서 차를 기다리던 많은 사람들의 시선이 일제히 그들에게 쏠렸다. 그때 패거리 중 한 사람이 큰소리로 장내를 정돈했다.

“오늘 결혼한 신랑 신부입니다. 앞으로 행복하게 잘 살겠다는 의미의 노래를 부르겠습니다. 여러분 힘찬 박수로 축하해주십시오.”

한참을 망설이던 신랑 신부는 피해갈 수 있는 상황이 아니라는 것을 판단했음인지 신랑은 어색한 율동과 함께 장윤정의 〈어머나〉를 열창했다. 신부는 내내 어색한 웃음을 지으며 마지못한 몸놀림으로 박자를 맞추었다. 노래가 끝나자마자 도망하는 두 사람을 다시 붙들고 큰소리로 신부가 신랑에게 뽀뽀를 해야 이 장소를 빠져나갈 수 있다고 했다. 이번에는 신부가 두 손으로 신랑의 두 귀를 잡더니 이내 뽀뽀를 하고 달아났다. 참 어여쁜 모습이었다.

결혼식의 의식이 결혼 생활의 행복과 순탄함을 가름하는 것은 아니다. 어떤 모습의 결혼식 절차이든 이벤트이든 두 사람이 그날의 그 마음으로 영원히 행복하게 살기를 염원하면 될 일이다.

출근길 소묘

● 하루의 기분은 아침이 좌우한다고 해도 과언이 아니다. 아침에 기분 좋은 일이 있으면 종일 기분이 좋다. 아침에 들은 노래는 종일 입가에서 맴돈다. 영업을 하는 사람도 첫 손님에 따라 그날의 일진이 달라진다고 한다.

"아줌마, 누가 뒤로 타라고 했어욧!"

"아니! 짐이 너무 무거워서 뒤로 좀 탔거니 그렇게 소리를 쳐욧!"

버스 안에 있는 다른 많은 승객들은 아랑곳하지 않고 버럭 소리를 지르는 기사와 뒷문으로 탄 승객 사이에 실랑이가 벌어졌다. 일순간 버스 안도 같은 빛깔의 짜증으로 채워진다. 모두들 한 곳으로 시선을 집중하고 그러나 누구도 무어라 거들지 않으며 그냥 지켜볼 뿐이다.

뒷문은 내리는 문이고 앞문은 타는 문이니 갑자기 뒷문으로 승객이 타리라고 생각지 못한 기사 입장에서는 상당히 당황하고 놀랐던 모양이다. 짐이 많아 무거워서 내릴 때를 생각해 뒷문으로 탔던 할머니, 버거운 숨 몰아쉴 겨를도 없이 날아든 기사의 일갈에 기가 죽기는커녕 맞장을 뜨면서 당당하게 자신의 의사표현을 한다. 젊어서 한 성질 했을 거라는 짐작이 쉽게 된다. 대다수 사람들은 대중 앞에서 부지불식간에 면박을 당하면 대충 얼버무리고 얼굴만 벌개져서 재빨리 자리에 가서 앉기 쉬운데 냅다 지른 기사의 목소리보다 더 높은 목소리로 대응하니 말이다.

인간의 감정이란 순식간에 달아오르지만 쉽게 식지는 않는 법인가 보다. 기사는 기사대로 승객은 승객대로 씩씩거리며 계속해서 말다툼이다.

기사는 뒷문으로 탔다가 불상사가 생기면 누구 책임이냐, 대개 당신 같은 사람들이 자기 잘못은 모르고 나중에 기사 책임이라 주장하고 나오는 법이라며 일장훈계를 한다. 분이 풀리지 않은 할머니는 내가 조심해서 탔고 만일 그런 일이 생기면 난 그렇게 남의 책임으로 돌리지 않는 사람이라고, 당신 몇 살이냐고 당신은 부모도 없냐며 대거리한다. 기사 또한 만만치 않다. 당신을 보니 자식들 교육을 어떻게 시켰을지 안 봐도 알겠다고 비아냥거린다. 자식은 들먹이지 말았어야 했다. 그 대목에서 할머니의 목소리가 더욱 높아졌다. 한참을 할머니가 고함을 지르니 기사는 잠잠하다.

그래도 분이 안 풀린 할머니, 남자에 비해 감정이 풀리는 데 소요되는 시간이 좀 긴 여자의 특성 탓인가. 할머니의 후렴이 이어진다. 별꼴을 다 보겠다느니, 내가 뭐 지 자식이냐느니, 나한테는 그렇게 함부로 했지만 다른 손님들에게는 그러지 말라느니……

그만했으면 좋겠다 싶은 생각을 할 때 승객 중 한 젊은이가

"할머니, 그만 좀 하세요. 제가 보기에도 자식까지 들먹이게 하네요."라며 할머니가 무안할 정도로 냉정하게 쏘아붙인다. 출근길에 좋지 않은 모습을 보는 것도 언짢은 일인데 20여 분을 같은 차를 타고 가야 하는 일임에랴. 짜증이 나기도 하겠지만 그래도 할머니한테……

중간에서 내려야 했기에 그 두 사람이 어떻게 마무리를 했는지는 알 수가 없다. 감정이 어느 정도 누그러졌을 때 서로 "죄송했습니다." 사과했을 것이다. 승객들에게도 아침부터 불미스런 모습을 보여 송구하다며 사죄했을는지도 모른다.

누구에게나 감정은 있다. 누구에게나 여러 가지 사정이 있다. 그러나 처음 만나는 사람끼리는 누가 어떤 성격인지, 누가 어떤 사정인지 알 수가 없다. 할머니가 버럭 화부터 낸 기사의 아침이 그랬으리라고 조금만 이해했더라면. 기사가 할머니의 짐이 무거

우니 그럴 수도 있다고 생각하고 좋은 말로 일깨워 주었더라면 이십여 명의 출근길이 짜증스럽지는 않았을 것이다.

이건 도로를 달리다 겪을 수 있는 경미한 접촉사고보다 더 큰 대형사고다. 겉으로 생채기가 나지 않았다고, 모두들 큰소리쳐서 항의하지 않았다고 아무 일도 아닌 것은 아니다. 그 많은 사람들의 하루 일과가 비 오는 날 주위를 살피지 않고 달리는 차량에 흙탕물을 뒤집어쓴 꼴이 됐으니 말이다.

안녕 6681

● 벚꽃이 만발했다. 그 꽃을 피우기 위해 벚나무는 겨우내 인고의 시간을 보냈으리라. 찬바람이 할퀴어도, 폭설이 내려앉아도 묵묵히 나이테를 부풀리며 향긋하게 매달릴 그들을 그리며 견뎠으리라. 그렇게 피운 꽃들이 바람에 흩날려 떨어져나갈 때 나무는 그 아픔을 어떻게 삭이는지 새삼 헤아려지는 요즘이다.

전북 31다 6681은 6년 전 크리스마스 선물처럼 내게로 온 승용차다. 새 차를 구입하였다며 동생이 십 년 장롱면허를 탈피하는데 연습용으로 사용하라 했다. 막연하게 차 한 대 있었으면 하고 바랐으나 내게 산타클로스는 없으리라 생각했다.

차량 이전까지 모두 마치고서 동생은 어서 차를 가져가라고 성화였으나 선뜻 가져올 용기가 나지 않았다. 아무런 준비도 안 된 상태에서 두렵기만 했다. 새로운 연을 맺는 일이 그리 쉬운 일이던가? 자동차운전학원에 도로 주행 연수를 신청했다.

어느 토요일 오후, 용기를 내어 나의 소유가 된 차를 가지러 갔다. 차는 동생이 근무하는 회사 주차장에서 다소곳이 기다리고 있었다. 키를 넘겨받았으나 어찌해야 할지 난감했다. 키를 꽂고 시동을 걸자 크르륵 덜컥 하는 소리가 마치 새 주인을 거부하는 반항 같았다. 에구머니나! 용수철처럼 튕겨 차량의 문을 열고 내려버렸다. 동생의 웃음 반 걱정 반의 얼굴이 무서운 교관처럼 느껴졌다. 중고로 팔면 다만 얼마라도 받을 수 있을 터이지만 누나의 산타클로스가 된 동생에 대한 고마운 마음 표현할 정신도 없이 차와 만남은 그렇게 시작됐다.

송천동에서 효자동으로 넘어오는 길은 저승사자를 따라가는 사지의 길만 같았다. 앞이 안 보이는 사람이 길을 나설 때 이런 맘일까. 더듬더듬 어기적거리며 몇 미터를 달렸다. 서신동 다리 밑 경사진 길에서 신호에 딱 걸렸다. 파란불이 들어와 액셀을 밟았으나 차는 자꾸 뒷걸음을 쳤다. 한참을 그러고 있는 꼴이 한심했는지 조급한 운전자들은 클랙슨을 눌러댔다. 정말 엉엉 울고 싶었다. 안절부절못하고 있는데 인자하게 생긴 아저씨가 차에서 내리더니 내 차 뒷바퀴를 큰 돌멩이로 괴고 시동을 걸어보라 했다. 그러나 사색이 되어 떨고만 있는 내가 안쓰러웠는지 당신이 내 차에 올라타서 그 언덕을 무사히 넘겨주었다. 어찌어찌 집에 도착했으나 그 뒤에도 우리의 내외 시간은 한동안 이어졌다.

너무도 갖고 싶었던 책을 구하거나, 액세서리, 옷 등을 소유하게 되었을 때와는 뭔가 다른 느낌이었다. 이왕 맺은 인연 외면할 수 없어 운전을 해야겠는데 나갈 일이 생기면 신이 나는 것이 아니라 걱정만 앞섰다. 어쩌지? 빨간 매직으로 완전초보라고 크게 써서 차 뒤 유리에 붙였다.

첫나들이부터 난관의 연속이었다. 일방통행로인지 모르고 진입했다가 앞으로 갈 수도 뒤로 후진할 수도 없는 상황에 놓이기도 하고, 차선을 변경하려다가 사각지대를 인지하지 못해 접촉사고를 일으킬 뻔도 하고, 주차장에서 주차를 못해서 몇 시간을 비비적대기도 했다. 등골에 식은땀이 후줄근해지고 가슴이 헬 수 없이 콩닥거렸다. 남의 차 옆 자리에 앉았을 때는 평탄하고 넓기만 하던 도로가 운전석에만 앉으면 왜 비탈진 좁은 길이 되어버리는지…….

그러나 세월이 약이라는 말을 증명이라도 하듯 하루 이틀 시간이 가면서 익숙해졌다. 딸 고3 1년 동안 등하교를 시켜 줄 수 있어 기쁘고 행복했다. 아들이 고3일 때는 내 소유 차가 없어서 시내버스 승강장에서 떨며 기다려 주는 일이 고작이었으나 비록 낡은 차이지만 내 차가 있으니 비가 와도 걱정이 없었다. 주차장에서 대기하고 있다가 밤늦게까지 공부하고 나온 딸에게 힘을 실어 주는 엄마가 될 수 있었다. 고마운 차다.

동생에게서 내게로 올 때 이미 6681은 사용한 지 10년이 넘었었다. 그동안 노구를 이끌고 꿋꿋하게 내게 큰 힘이 되어 주었다. 가끔 똥차라고 놀림을 받기도 했지만 실은 우리의 발이고 생활이었으니 그 고마움 말해 무엇하랴. 마이카 시대에 동승하여 우리의 인연은 깊어만 갔다.

그러나 언제까지 함께할 수 있을지 걱정스런 일이 반복되었다. 신호 대기 중에 가끔 시동이 꺼져 걸리지 않고, 문짝은 삐거덕거리며 여닫아지지도 않고, 조금만 속도를 내어도 차체가 흔들려 달릴 수가 없었다. 이별을 준비해야 할 때가 된 것이다. 1년여 동안 계획을 세우고 고민하다 결정했다.

새로 들인 차를 주차장에 며칠을 두고도 차마 6681에게 이별을 고하지 못했다. 그동안 버스 통근을 했으나 며칠은 6681과 마지막 정을 나누기 위해 자가용 통근을 했다. 폐차장에 보낼 용기가 나지 않았다. 단골 카센터에 맡기기로 했다.

그와 헤어져야 하는 날 벚꽃이 만개한 나무 밑에 주차했다. 점심시간 틈을 내어 의자에 깊숙이 몸을 기댔다. 심호흡을 하면서 6681의 체취를 음미했다. 고마웠다. 그동안 수고 많았다. 더 많이 아끼고 사랑해주지 못해서 미안하다. 이제 영원히 사라져갈 나의 6681이여! 너와의 행복했던 추억 잊지 않으마.

이화우 흩날리는 곳

● 그곳에는 그리운 이들이 많이 산다. 홀로 계신 친정어머니, 어릴 적 친구들, 옛 직장 동료와 선배들 그리고 문우들이다. 그곳은 내 생의 출발지점이기도 하고 내 삶의 3분의 1을 산 곳이다.

그곳을 생각하면, 지나는 길손 누구라도 마음 편히 들어올 수 있게 울타리도 없이 소박한 모습으로 서 있던 문화원이 떠오른다.

"월급이 너무 적은데 그래도 괜찮겠어요?"

문단의 말석에서 조심스럽게 선배 문인들을 따라 활동하던 시절이었다. 일을 찾고 있다는 말을 전해들은 원장님께서 인연의 고리를 맺어준 첫 마디다.

문화원 일 중 가장 의미 있는 기억으로 다가오는 것은 매창백일장梅窓白日場이다. 매년 봄이면 매창을 기리는 행사를 했다. 그 중 매창백일장은 내가 초등학교 2학년부터 학교 대표로 참가했던 대회다.

백일장에 참가하려면 학교에서 한참을 걸어 나와 면 소재지에서 버스를 타고 울퉁불퉁 비포장 길을 30여 분은 달려야 했다. 입구에 매창시비梅窓詩碑가 참가자들을 검열하듯 서 있는 서림공원은 각 학교 대표로 나온 꼬마 문사들로 울긋불긋 꽃동산이 되었다. 그 꽃동산에서 한 송어리의 꽃으로 동심을 키웠다.

그런데 이제 그 대회를 주최하는 단체의 직원이 된 것이다. 이번 대회에서는 어떤 제목을 줄까? 상품은 무엇으로 할까? 심사위원은 어떤 분을 모실까? 어린이들의 마음을 헤아리기 위해 고민하며 대회를 준비하고 성공리에 마칠 때마다 남모르는 기쁨과 감격이 있었다.

"난 박 간사와 커피 마시는 이 시간이 가장 편하고 좋더라."

원장님은 출근하자마자 매일 커피를 드셨다. 차를 마시는 그 시간에 문화원의 여러 행사를 계획하고 의논했다. 어느 해 석정문학제를 앞두고 원장님이 좋은 의견 있냐고 물었다. 문득 '시낭송대회'를 하자는 제안을 했다. 그 무렵 초·중·고등학생들을 대상으로 하는 백일장이나 사생대회는 많았지만 '시낭송대회'는 없었다. 첫해에는 참가자도 많지 않았고, 어떻게 하는 것이냐고 묻는 전화도 많았다. 대회 시작 전에 시낭송가를 초청하여 시범적으로 낭송을 들려준 뒤 대회를 진행하다 보니 해가 거듭될수록 수준급의 학생들이 참가했다. 지금쯤 다양한 자리에서 시 한 수 낭랑하게 읊는 멋쟁이들이 되어 있겠지.

지역민들에게 문화원을 알리고, 사랑방처럼 편안하게 드나들 수 있는 공간을 만들기 위해 원장님과 머리를 맞댔다. 문화회원을 모집하고 문화학교를 개설했다. 사진반, 서예반, 풍물반, 문화답사반 등. 그렇게 6년을 일했다.

이제 원장님 헛기침 소리만 들어도 무엇이 못마땅한지 알 수 있게 되었는데 아이들 교육문제로 전주로 이사해야 했다. 원장님은 또다시 아름다운 인연의 고리를 지어 주었다. 전주에서도 같은 계통의 직장에서 일할 수 있게 해준 것이다. 한동안 '박 간사님!' 하고 부르던 원장님의 목소리와 원장실에서 책장 넘기던 소리가 환청처럼 들렸다. 그러나 새로운 곳에 정착하기 위해 힘을 쓰고 아이들 뒷바라지하느라 정신없이 지내면서 차츰 그곳의 추억에 잠기는 시간이 줄어들었다.

그러던 어느 날 원장님의 병환 소식을 접했다. 이미 퇴원한 후였다. 댁으로 문병을 갔다. 그렇게 잘 가꿔졌던 정원도 주인의 환우를 근심하는지 잡풀이 우거지고 나무들도 힘이 없어 보였다. 매년 봄가을로 조경사를 불러 깔끔하게 단장하던 원장님의 빈자리를 보여주는 듯했다. 원장님은 병환 중에도 깔끔하고 온화한 표정으로 만면에 웃음을 지어주었다. 그 모습이 봄날 흩날리는 배 꽃잎 같았다.

원장님은 매창을 사랑하고 유형 · 무형의 문화재를 사랑하고 부안 땅을 사랑하였다. 전국에서 우리 고장을 찾아온 손님들에게 목울대 붉어지도록 문화재 안내를 해 주고도 빈손으로 보내지 않았다. 문화원에서 발간한 책이나, 당신의 저서 한 권이라도 들려 보내야 직성이 풀렸던 원장님. 뙤약볕 아래 매창의 묘에서 쥘부채를 쥐고서 매창의 사랑 이야기를 들려주던 원장님의 모습이 더욱 그립다.

그곳에서는 아직도 매년 매창백일장이 열린다. 이제는 학생들을 상대로 하는 대회뿐 아니라 전국 여성백일장도 개최한다. 올해도 매창백일장을 알리는 현수막이 바람에 펄럭인다.

마음은 다시 그곳으로 향한다. 원장님의 그늘에서 문학의 토양을 다질 수 있었고, 일상적인 대화 속에서 문인으로서의 소양과 양식을 쌓을 수 있었다. 매창의 묘비를 어루만지며 매창이 켜는 거문고 소리가 들리지 않느냐고, 가만히 분묘의 잡초에 귀를 대어보던 그 모습이 눈에 선하다. 이화우 흩날리는 이 봄날, 그곳에선 평안히 매창의 거문고 소리를 듣고 계시는지.

배꽃은 여전히 피어서 흩날리는데…….

제 4 부

하얗게 웃는 법

뚜벅이 인생

● 장롱면허를 가지고 있어 불편을 당할 때마다 이십여 년 후 여성의 모습을 갈파한 여고 시절의 선생님 말씀이 생각나곤 한다. 그 선생님은 영어회화와 운전면허 그리고 타자를 할 줄 알아야 한다고 했다. 그래야만 당당하게 시대를 앞서 살아갈 수 있을 거라고. 그때는 크게 실감하지 못했던 말들이다. 그중 특히 내게 해당되는 것이 운전이다. 나는 요즈음, 자동차가 없어 당하는 불편과 고통이 있는가 하면 운전을 하지 않음으로 해서 맛보는 편안함과 기쁨 또한 있다. 그래서 양지가 있으면 음지가 있고, 슬픈 날이 있으면 반드시 웃을 날이 있다는 것을 실감하며 산다.

햇살이 보드랍게 내리쬐는 주말, 1시간 가까이 소요되는 퇴근길을 하얀 억새가 흐드러진 천변을 따라 타박타박 걸어가는 맛은 뚜벅이만이 누릴 수 있는 특권이다. 가끔 풀리지 않는 난제나 한 편의 글을 쓰다가 막히는 날에는 조용히 걸으면서 내면을 바라보고 자신과 여유롭게 대화할 수 있는 것도 뚜벅이만이 맛볼 수 있는 행복감이다.

그러나 집에서 출발하는 시간은 같은데 회사에 도착하는 시간이 늦은 것은 뚜벅이 인생의 불편함이요 고통이다. 한동안 카풀을 했다. 집에서 나오는 시간은 평소와 같으나 회사 도착이 20여 분은 빨랐다. 아침에 허둥대지 않아도 되고 윗분들의 눈치를 보지 않아도 되었다. 느긋하게 하루를 준비할 수 있어 모든 것들이 여유로웠다.

그런데 카풀 해주던 분이 다른 일을 시작하면서 다시 대중교통을 이용해 출근하게 되었다. 아침에 서둘러 준비하는데, 가끔씩 시간대를 어기고 좀 빨리 출발해버리는 버스에게 배신이라도 당하면 출근 시간 딱 맞춰 아슬아슬하게 회사에 도착해야 했다. 그렇다고 매번 택시를 이용할 수도 없고, 매일 이렇게 허둥대며 살아야 하는 뚜벅이 인생의 일상이 되었다.

어쩌다 급한 약속이 있을 때는 더 말할 나위 없다. 아주 급하지 않으면 택시를 이용하지 않다가 시간에 쫓겨 택시를 탄 날은 총알택시로라도 달려주기를 바라는 마음 간절하다. 그런데 이상하게 내가 손을 들어 잡은 택시는 거의 할아버지 기사님이거나 택시 운전을 시작한 지 얼마 되지 않은 초보 기사님의 차인 것이다.

한번은 전주 근교 이서라는 곳에 급한 볼일이 생겼다. 퇴근하자마자 대로변에 나가 택시를 잡았다. 운전을 하지 않아 도로 사정에 어두운 나도 아는 길을 이 기사님은 빙 돌아서 가는 것이다. 나이 드신 분에게 화를 낼 수도 없고, 속에서는 부아가 치밀어 오르고. 그러나 어찌하겠는가? 달리는 택시 안에서 화를 낸다고 네 바퀴의 택시가 갑자기 비행기로 변해 날아갈 수도 없는 일. 돌아가지 않았으면 지금쯤 도착했을 시간이라며 투덜거리는 것으로 화를 삭여야 했다. 기사님은 죄송하다며 택시 운전을 시작한 지 얼마 되지 않아서 길을 잘 모른다고 했다. 그러니 슬며시 짠한 마음마저 들었다. 요즘 택시를 운전하는 사람들마다 사회에서 이런 저런 직업이 있었거나, 사업을 했거나, 더러는 퇴직하고 제2의 인생을 시작한 사람이 많다는 것을 알기에.

한번은 친척 오라버니가 비어 있는 우리 집에 온 일이 있었다. 다행히 번호키라서 번호만 알면 문을 열고 들어갈 수 있기에 우리 가족들만 알고 있는 번호를 가르쳐드렸다. 숫자를 또박또박 가르쳐드리는데도 문이 안 열린다 했다. 차근차근 하라고 작동법을 여러 번 가르쳐드려도 안 된단다. 할 수 없이 근무 중에 빠져나와 택시를 잡았다. 같은 시간이라도 누군가를 기다리는 시간은 갑절로 지루하고 긴 법이라는 생각에 마음이 조급했다. 5층 건물

꼭대기 층이라 기다리는 시간 지루하지 않게 달리 신경을 돌릴 방법도 없겠거니 생각하니 마음이 먼저 달렸다. 그러나 웬걸? 택시는 거북이걸음이었다. 기사님이 느긋한 성격인 건지, 순발력과 판단력이 떨어지는 건지 계속해서 추월만 주고, 택하는 차선마다 차들이 줄지어 서 있었다. 이번에도 어김없이 내가 잡은 택시 운전사는 머리가 희끗한 노인이었다.

심호흡으로 맘을 달래본다. 이상하다. 왜 내가 잡는 택시마다 운전이 서툴거나 길눈이 어둡거나 연세가 들어 순발력이 떨어지는 기사의 차들일까?

평소 급한 성격인 내게 그럴 때만이라도 좀 느긋하게 사는 법을 배우라는 어떤 계시인지도 모르겠다. 아무리 급해도 택시를 비행기로 둔갑시킬 수도 없고, 아무리 급하다고 차안에서 달릴 수도 뛰어내릴 수도 없는 일, 도착할 때까지 참고 기다리는 길밖에 없다. 기사님의 운전이 설혹 맘에 들지 않아도 일단은 그분의 뜻에 따라야 한다. 그렇다고 궁싯거려서도 안 된다. 자칫 기사님의 기분을 상하게 하면 오히려 더욱 느린 길을 택해 달릴 수도 있고, 접촉사고라도 일으킬 우려가 있기 때문에 절대 부글거리는 속을 숨겨야 한다. 그리고 견뎌야 한다.

요즘 난 택시를 탈 때면 급한 성격을 누그러뜨리는 연습을 한다. 언제 도착해도 할 것이다. 목적지까지 데려다 줄 것이라고 믿고 그저 앉아 있는 것이다. 가끔은 차라리 눈을 감아버린다. 달리는 차바퀴보다 앞서 달리는 마음의 속도를 늦추기에는 눈을 감고 맘을 다스리는 게 최상이다. 그러다 보면 목적지에 도착했을 때는 한소끔 가라앉게 된다. 안전하게 태워다 주었음에 감사하는 마음만 남는다.

뚜벅이 인생인 나는 그렇게 걸으면서, 택시를 이용하면서, 또 다른 인생을 알아간다. 다음에 만나게 될 택시 운전자는 어떤 분일까? 택시를 탈 일이 있을 때마다 은근히 기대가 된다.

그 여인이 가는 길

● 소중한 무엇인가를 가슴에 깊이 간직하고 사는 여인은 분명 행복한 사람일 것이다. 가끔 힘겨운 고비와 맞닥뜨릴 때, 맘에 간직된 누군가를 찾아가 어깨를 기대고 손 맞잡고 위로받을 수도 있고, 그를 생각하는 것만으로도 위안이 될 것이다. 내겐 생각하는 것만으로 눈물이 날 만큼 위안이 되고 힘이 솟는 대상이 문학이다. 그 문학을 소중하게 품고 사는 난 분명 행복한 여인이다.

사랑하는 사람을 생각하면 제어할 수 없을 만큼 미소 꽃이 피어오른다는 어느 여인처럼 그를 생각하면 늘 행복한 미소의 주인이 된다. 숨 가쁘게 돌아가는 일상에서도 짧은 순간이라도 그를 생각하면서, 그에게 다가서는 몇 줄의 글을 남겼을 때 비로소 오늘 하루 내가 참 잘 살았구나, 내실 있게 살았구나, 스스로 안도하고 등을 토닥이는 버릇이 생겼다. 그런데 요즘 그 짝사랑에 지친 것인지, 설레는 가슴이 무뎌진 것인지, 많이 게을러지고 있다. 현실이라는 족쇄가 어깨를 짓누르고 있어, 지금은 생활인으로 열심히 살아가는 것이 급선무이지 않겠느냐고 그에게 내밀한 양해를 구할 때가 많다.

그를 가슴에 품기 시작한 것은 초등학교 시절로 거슬러 올라간다. 정말로 내가 그를 사랑할 수 있을 것인지, 내게 그를 사랑할 자격이 있는 것인지 아직까지도 의문이지만 내 가슴에 그를 들여놓게 한 것은 2학년 때 담임선생님이 써 준 한 줄의 글이었다. 그 시절 내게 글을 잘 쓸 수 있는 싹수가 보였는지 모르겠지만, 선생님이 적어준 가정통신표의 뒷면에 '글짓기에 소질이 있고 노트 정리를 잘합니다.' 라는 문장이 가슴에 반짝이는 별로 깊이 박히었다. 어쩌면 선생님의 그 문장이 문학을 사랑하고 그를 무한히 선망할 수 있도록 허락해주는 허가증 같은 것이었는지도 모르겠다. 그 격려의 문구는 내가 문학을 사랑하며 살아갈 수 있도록 길을 열어주었고, 내 지독한 짝사랑의 씨앗이 되었다.

그때부터 학교 도서관에서 많은 책을 빌려 읽기 시작했다. 그리고 꼬마작가인 듯 틈만 나면 글을 짓곤 했다. 학창 시절 내내 학교 대표로 군 단위나 도 단위의 백일장에 참가하게 되었다. 가끔은 큰 상도 받아서 학교의 위상을 높였다고 표창장을 받기도 했다. 그렇게 시작된 그와의 인연은 불우한 가정형편 때문에 기죽어 살아야 했던 자신에게 맑은 햇살 같은 자신감을 주었다. 친구들보다 잘할 수 있는 한 가지가 더 있다는 자부심이 있었고, 선생님들께서도 글을 잘 짓는 아이로 좀 더 관심을 가져주었다.

그 시절, 공부하는 것과 글을 짓는 것이 내게 가장 큰 기쁨이고 행복이었다. '매창백일장' 에 참가하면서부터는 정인을 그리워하는 애절한 시를 많이 남긴 조선 시대의 여류시인 이매창처럼 훌륭한 시인이 되는 것이 나의 꿈이었다. 그렇게 모범생의 반열에서 열심히 공부하며 꿈을 키웠으나 초등학교를 졸업하고 중학교 진학을 포기해야 했다.

친구들이 하얀 블라우스에 검정치마를 입고 중학교로 향할 때 난 남의 집 갓난아이를 등에 업고 들로 젖을 먹이러 다녀야 했다. 여름엔 모내기 작업단에 소속되어 어른 반몫의 품삯을 받고 모내기를 했다. 그때도 틈만 나면 누런 '백노지' 로 묶은 연습장에 뭔지 모를 수많은 넋두리들을 풀어놓곤 했다. 나 자신 스스로 감당하기 어려운 현실적 난관에 부딪칠 때마다 목 놓아 우는 대신에 난 내 안에 수줍게 뿌리내려 싹을 틔우고 있는 문학을 들여다봤다. 그와 만나서 내 속내를 털어놓는 시간은 나름의 시름을 잊을 수 있었다. 그 세계엔 시골집 뒤란에 지천으로 널려 있던 이슬 머금은 봉숭아와 채송화가 탐스럽게 피어 있었다. 그 속에서라면 어린 나이에 감당해야 하는 가난의 고통쯤 오독오독 씹어 소화시킬 수 있는 힘이 생겼다.

그렇게 1년 동안 열심히 모은 돈으로 어렵게 중학교에 진학했다. 한 살 어린 후배들과 친구가 되어서 꿈에도 입고 싶었던 교복을 입고 공부하는 곳은 천국이었다. 이보다 더 행복할 순 없었다. 간절히도 원했던 중학생이 되어서도 늘 문학이 함께했다. 고비마다, 어려운 환경들을 잘 견딜 수 있도록 내 곁을 지켜주는, 어쩌면 스스로 버텨내기 위해 그를 붙잡았는지도 모를 문학과의 은밀한 연애는 숙명이었다.

중학 과정을 후회 없이 마치는 시기에 또다시 난관에 부딪쳤다. 내 최종학력이 중졸로 마칠 위기에 놓였다. 위로 오빠가 있고 아래로 남동생이 있어 딸보다는 아들 교육이 먼저였던 부모님의 소신에 밀려, 고교 진학마저 포기해야 할 형편이었다. 그 무렵 꺼져가는 촛불에게 삶의 희망을 주는 인접 지역 실업계 고등학교의 입학 권유가 들어왔다. 중학교 3년 과정 성적만으로 고교 3년 동안 학비를 전액 감면해 주는 특급 장학증서를 주었다. 요즘도 그렇지만 그 시절에도 시골에서 공부 좀 한다 하는 학생들은 도청 소재지에 있는 고등학교에 진학하는 것이 꿈이었다. 하지만, 내 삶의 지주인 문학으로도 해결할 수 없는 경제논리 앞에서 내 삶은 다시 한 번 방향을 선회해야만 했다. 중학 과정 3년 동안 선의의 경쟁자며, 다정했던 친구들과 함께 인문계 고등학교에 진학하지 못하고, 소위 '노는 아이들'이 많이 모인다 하는 소도시 실업계 고등학교에 입학할 수밖에 없었다.

그런 기회마저 내게는 감지덕지해야 할 상황이었다. 자존심을 내세우고, 우열 학교를 따질 처지가 아니었다. 그러나 조용한 밤이면 달을 보며 눈물을 삼키곤 했다. 그때도 내 손에는 종이와 펜이 있었다. 한 방울의 눈물 대신 두 줄의 글을 쓰는 일로 스스로를 달래는 일에 차츰 길들여져 갔다. 그 많은 속내를 혼자서 글로 적는 것이 유일한 취미이고 낙이었으며, 그가 나와 함께한다는 생각을 하게 되면 절로 힘이 솟았다.

누구나 맘먹으면 할 수 있는 일이 글 짓는 일이었을지 모르지만, 난 내게 주어진 특권인 양, 생각하곤 했다. 대도시 학교에 다니면서 주말이면 집으로 오는 친구들을 만날 때면 아무리 태연하려 해도 부러움이 앞서는 것은 어쩔 수 없었다. 그럴 때마다 스스로에게 마법을 걸곤 했다. '너에겐 문학이 있잖아.' 아직 문학다운 문학을 한다고 말하기엔 턱없이 부족하지만, 문학의 밭 언저리에 서성이며 언젠가는 좋은 글 한 편 남기리라는 희망을 접지 못하고 있는 것도 그가 내 삶의 기근이기 때문이다.

학교를 졸업하고 얼마 뒤 남들이 말하는 좋은 조건이 아닌 그저 평범한 남편을 만나 결혼하게 되었을 때도, 그 결혼 생활이 난관에 부딪쳤을 때도, 오로지 나를 지탱해 주었던 것은 문학이었다. 살아오면서 나보다 가진 게 많고 배운 게 많은 사람들이 맘을 누르고 눈을 어지럽혀 참 많이 주눅 들기도 했지만, 그나마 꼿꼿하고 당당할 수 있었던 것은 내 안에 꺼지지 않는, 언제든 활활 타오를 그 불꽃 한 가닥이 있기 때문이었다.

하루를 살아도 행복할 수 있다면 당신을 택하고 싶다는 노랫말이 오늘따라 이유 없이 흥얼거려진다. 산을 좋아하는 사람들은 산이 거기 있기에 오른다고도 하고, 하나뿐인 생명을 담보로 빙벽을 타는 사람들은 나름대로 깊은 쾌감 때문에 오늘도 안전장비를 꾸린다고 한다. 내 삶을 뒤돌아보며 나름대로 참 흡족하게 살아왔노라, 내게 주어졌던 많은 시간을 유용하게 사용하였노라, 할 수 있는 것은 어쭙잖은 솜씨로 글을 짓는 시간이었던 것 같다. 나름대로 한 줄의 글을 쓰기 위해 고민하고 그 한 줄의 글을 남겼을 때 가장 행복한 여인이 되니 말이다.

오늘도 난, 꿀벌이 부지런히 꽃 사이를 날아다니며 꿀을 채취하는 것처럼, 세상을 유영하며 문학의 꿈밭을 일군다. 내가 속한 단체에서 발간하는 동인지에 오류가 발생하여 그것을 수정하는 일에 하루를 썼다. 그 맛이 꿀벌이 따온 꿀맛 같다.

내 삶을 돌아보면 지금이 가장 행복한 시절인 것 같다. 가슴에 오랜 세월 문학을 담고 그 문학의 밭에서 살아왔고, 지금은 출판사에서 다양한 종류의 글을 접하는 일을 하고 있다. 학창 시절부터 편집부에서 학교 신문을 만들고 교지를 만들던 경험을 살려서 아동잡지 편집장도 하고 있다. 어느 집에 집알이를 가더라도 호

화스러운 가구가 구비된 집보다는 책이 가득한 집이 가장 부러웠었는데, 난 그 좋아하는 책 속에 파묻혀 산다.

살아오면서 맞이했던 많은 삶의 굴곡들에서 용케도 좌절하지 않고 견뎌낸 것은 내게 유일한 힘이 되는 문학 때문이었음을 고백한다. 그래서 길게 살아온 인생은 아니지만 지금 크게 웃으며 살 형편이 아님에도 불구하고 문학을 향한 뜨거운 열정이 있기에 '미소천사' 라는 예명을 갖고 살고 있음도 고백한다.

언제쯤 사랑하는 그에게 화려한 왕관을 씌워줄 수 있으려는지……. 지금은 치열한 생활인으로 살아야 하기에 황폐한 글밭을 가꾸고 있지만, 내가 가진 만큼의 거름을 주고 정성을 쏟으며 죽는 날까지 그와의 연애는 지속하리라.

하얗게 웃는 법,

—보리밥

● 까무잡잡하고 너부데데한 게 영락없이 나를 닮았다. 오동통한 몸매에는 도타운 덕이 담겨 있고, 달덩이 같은 얼굴에는 진득함이 배어 있다. 넘치는 기운을 주체할 수 없어 몸에 둘로 나누는 뚝심이 있다. 한나절을 물속에 있다가 나와도 퍼지지 않고 미끌미끌 제 모습을 지키는 성미다.

똑 부러진 것 같으면서도 어리벙벙한 구석이 있고, 잘할 것 같으면서도 맹한 구석이 있다는 평을 듣고 사는 내가 가끔 보리밥을 닮았다는 생각을 한다. 가슴 시린 기억이 많은 유년을 가장 확연히 떠오르게 하는데도, 문득문득 엄마가 보고 싶듯이 보리밥이 그리울 때가 있다. 어쩌면 그것은 내게 먹을거리의 고귀함과 존

재의 고마움, 그리고 사랑을 가르쳐주었기 때문이리라. 도드라지지는 않지만, 꼭 필요한 존재. 쌀이 귀한 시절 주식으로 쌀밥보다 더 사랑을 받았던 것이 보리밥이었다. 내가 어렸을 적 우리 동네에는 논 한 뙈기 없는 집이 많았지만 밭은 몇 뙈기씩 일구지 않는 집은 없었다. 사철 하얀 쌀밥 한 그릇 먹어보지 못하고 까무잡잡하고 미끌미끌한 보리밥을 먹고 살았다. 그나마 보리밥도 귀한 집은 겨울철 점심은 고구마로 때웠다.

보리밥을 주식으로 성장한 나는 빨리 철이 들었다. 내 것이 아닌 것에 대해서는 일찍 포기할 줄 알았다. 남이 가진 것이 부럽기는 했지만 못 가진 자신이 불행하다고는 생각지 않았다. 소박한 밥상에 온 가족이 둘러앉아 서로 더 먹으라고 한 숟가락씩 나누어 주는 마음을 배웠다. 가뭄에 콩 나듯 아버지의 밥상에 흰 쌀밥이 올려 있을 때에도 좋은 것은 어른에게 드리는 게 당연하다고 생각했다. 가끔 흰 쌀밥 한 번 푸지게 먹어보고 싶다는 생각을 해보긴 했지만, 보리밥만 먹고 살아야 하는 자신이 한스럽거나 부모님을 원망해 본 적은 없었다. 그저 우리 집은 쌀이 없으니 보리밥을 먹어야 하는구나. 언젠가는 쌀밥 먹을 날이 올 거야. 그렇게 보리밥을 먹으면서 꿈을 키우고 마음을 다잡았다. 보리밥은 허투루 살면 안 된다는 것을 체득시킨 엄한 교시와 같은 것이다. 내게 보리밥은 그런 의미다.

초등학교 3학년 무렵이었다. 용천배기가 숨어 있을지도 모른다는 소문이 무성한 보리밭 사잇길을 걸어 학교에서 돌아오면 우리 집은 늘 빈집이었다. 툇마루에 오후 두세 시 햇살이 걸터앉아 혼자 집을 지켰다. 나는 집 보는 햇살처럼 혼자서도 잘했다. 집 안 청소하고 설거지하고 숙제도 하고.

햇살이 골목을 빠져나갈 무렵이면 어머니는 들에서 돌아오곤 했다. 그런데 그날은 어둠이 짙어졌는데도 오지를 않았다. 내가 밥을 해 놓으면 얼마나 기뻐할까? 보리 항아리를 열어 보리를 담았다. 어머니 하던 대로 쓱쓱 문질러 씻었다. 여러 번 조리질한 후 바가지 두 개를 살살 흔들면서 보리쌀을 일었다.

마당 한쪽에 걸린 솥에 안쳤다. 논 한 뙈기 없는 우리 집의 나무는 남의 집 방아 찧을 때 나오는 왕겨가 전부다. 불쏘시개를 이용해 불을 붙여 겨를 두툼하게 얹은 다음 풀무를 살살 약하게 돌려야 한다. 잘못하면 구멍만 크게 나고 불은 제대로 붙지 않는다. 한참 불을 때니 솥에서 엄마의 젖 같은 하얀 물이 넘쳐흘렀다. 솥뚜껑을 열었다가 닫고, 잠시 뜸을 들였다. 얼마쯤 지났을까 다시 작은 불꽃을 만들어 밥을 재졌다.

"아이고, 우리 딸이 밥을 다 했어?"

보름달처럼 환하게 웃을 엄마를 기다리는 동안 마당에 덕석을 폈다. 상을 가져다 놓고, 숟가락과 젓가락, 살강에 있던 반찬도 가져다 놓았다. 솥뚜껑을 열고 주걱으로 밥을 푸려는데 이상했다. 밥이 아니었다. 주걱에서 자꾸만 흘러내려 밥 한 그릇 풀 수가 없었다. 왜 그러지? 엄마가 한 것처럼 했는데……. 엄마를 기쁘게 해 드린다는 것이 귀한 보리쌀만 버린 것 같았다. 어찌하면 좋을지 생각이 나질 않았다. 눈물이 흘렀다. 콧물도 났다.

일을 마치고 돌아온 어머니는 차려진 밥상을 보고 깜짝 놀랐다. 불은 어떻게 땠는지, 밥은 또 어떻게 했는지. "엄마, 밥이 이상해요." 울먹이는 내 손을 잡아 주었다. "보리만으로 밥을 지으면 그런 거란다." 어머니의 촉촉한 음성을 듣고서야 울음을 그쳤다.

"우리 딸 참 맛나게 밥 잘했네. 어서 먹자."

하늘에서 별들도 내려와 겸상했다. 옆에선 모깃불이 타올랐다. 열 살 소녀가 지은 보리밥을 식구들은 참 맛나게 먹었다. 콧속으로 들어오는 매캐한 모깃불 때문에 쿨럭거릴 때 밥알이 입속에서 튀어나오기도 했다. 어설픈 보리밥을 성찬처럼 맛나게 먹으면서 가난이 결코 불행의 요인이 아니라는 것을 배웠다. 엄마를 기쁘게 하는 법도 가족 간의 사랑, 형제간의 우애도 배웠다.

요즈음 외로움이 밀려들 때면, 어머니 생각과 겹쳐 보리밥이 먹고 싶어진다. 보리밥은 내 어린 시절의 어머니다.

우리 앞집은 꽤 부농이었다. 마당엔 볏가리가 그득했다. 모를 심을 때나 벼를 벨 때면 일꾼 가족들까지 그 집에 가서 하얀 쌀밥을 고봉으로 먹었다. 나는 늘 어머니가 그 집에 일하러 가기를 바랐다. 추석과 설 말고 쌀밥을 양껏 먹을 수 있는 유일한 날이었으므로. 종일 일하고 퉁퉁 부은 다리로 집에 돌아온 어머니는 쌀밥을 배불리 먹고 하얗게 웃고 있는 나를 보고 그냥 어색한 미소만 지었다.

매 끼니 보리밥을 먹어도, 겨우내 점심을 고구마로 때워도 마다하지 않았지만, 소풍 갈 때만은 고집을 부렸다. 새까만 보리밥 싸가기 싫다며 아예 도시락을 안 가지고 간다는 딸에게 아무 말 못 하고 바라만 보던 어머니. 그 어머니의 모습을 잊을 수가 없다.

아직은 철부지여도 좋을 딸년이 대학 학비를 염려하면서 학업을 중단했다. 학비 걱정일랑 말고 네 꿈을 펼치라고, 너는 아직 그런 걱정할 때가 아니라고, 빛나는 미래를 설계하는 일에만 신경 쓰라고, 단호하게 말하지 못하는 나는, 소풍날 딸년을 빈손으로 보내고 말없이 뒷모습을 바라만 보던 어머니가 된다. "꽁보리밥 창피해서 싫단 말이야." 어머니 가슴에 비수로 꽂혔을 그 말을 다시 거둬들일 수가 없다. 어머니의 슬픈 얼굴을 보면서도 끝내 맨몸으로 소풍 길에 올랐던 자신이 원망스럽다. 그러나 딸은, 엄마 맘 아플까 봐 학업 중단을 자신의 탓으로 돌린다. 속 깊은 딸을 보면서 철없던 딸이었던 나는 이제야 어머니의 마음을 가늠해본다. 늘 보리밥이라도 배불리 먹일 수 있기를 기도했던 어머니를 생각한다. 자식 위해 평생 구슬땀을 흘렸던 어머니. 늘 죄인의 마음으로 단 한 번도 큰소리 내지 않았던 어머니. 그 어머니의 뱉지 못한 가슴속 말들을 이제야 귀를 세워 듣는다. 그 어머니의 맘으로 말없이 딸을 바라본다.

딸아, 이번 주말에는 세상에서 보리밥을 가장 살로 가게 잘 짓는 외할머니 댁에 가자꾸나. 오랜만에 닮은꼴 삼대가 모여 푸진 보리밥을 차지게 먹어 보자. 입 껄껄한 보리밥을 먹고도 하얗게 웃을 수 있는 법을 이 엄마의 엄마에게 다시 배우자꾸나.

그때는 그랬는데,

● 3주 연달아 퇴근 후 도서관으로 향했다. 아이들이 웬만큼 자랐으므로 집에서 하면 되지 않겠느냐는 사람도 있었지만 왠지 도서관에서 해야 능률이 올랐다. 욕심이 많은 사람이라는 핀잔을 뒤로한 채 학교 도서관으로 향하는 나는 40줄에 안착한 주부임을 망각하고 욕심 많던 그 시절을 추억한다.

그때를 생각하면 그저 쓴웃음이 나올 뿐이다. 그때는 정말 왜 그랬던가? 여러 가지 사정으로 인해 난 중고등학교 과정을 나보다 한 살이 적은 아이들과 보내야 했다. 초등학교 때 후배였던 아이들과 동급생이 되다 보니 필사적으로 욕심을 부리지 않았나 싶기도 하다.

학교를 졸업하던 날, 학생주임 선생님께서 하신 말씀처럼 어느 것 하나 후회할 것 없이 생활했던 여고 시절. 인문계에서는 한 달에도 몇 번씩 치르는 각종 시험 지옥에 갇혀 지낸다지만 내가 다닌 실업계 고등학교에서는 중간고사 2회, 기말고사 2회 1년에 4번 시험을 치르면 그만이었다.

줄곧 학급 수석을 놓치지 않았는데 3학년 1학기 중간시험 때였던 것 같다. 3학년이 되자마자 입사시험 준비하느라 다소 소홀했던 탓이었을까? 같은 반 K에게 그 자리를 빼앗기고 말았다. 그 날부터 그 아이는 다음 기말시험 결과가 나올 때까지 참 많이도 부대껴야 했다. '네가 어쩌다 운이 좋아서 앞섰다느니, 다음엔 절대로 지지 않을 거라느니' 하굣길에 30여 분이나 되는 거리를 걸으며 입씨름(거의 일방적인 공격이었지만)을 하였다. 왜 그리도 속이 상하던지. 중간고사 결과가 나오던 날 당장에 다시 시험을 치른다면 절대로 그 자리를 내놓지 않을 자신이 있었다. 나름대로 최선을 다했는데 꿈에도 생각지 않은 결과가 나온 것이다. 정말 내가 어쩌다 그런 실수를 했을까? 아무리 후회하고 가슴을 쳐봐도 어쩔 수 없는 현실. 다음 시험 때까지 감당했던 속앓이를 생각하면 지금도 가슴이 싸하다.

중학교 3학년 때는 또 어땠던가?

우리 마을엔 공부 잘하는 아이들이 유난히 많았다. 어느 날 시험을 앞두고 한 아이의 집에 모여서 함께 공부하는데 친구들이 졸립다고 했다. 서로 졸음을 쫓아주며 함께 공부해야 하는 상황에서 순간 내 욕심보가 발동한 것이다.

"그럼 우리 다 같이 조금만 자고 나중에 일어나서 할까?"

순진한 아이들은 그러자며 잠자리에 들었다. 함께 자는 척하다가 살며시 일어나서 혼자 공부했다. 아이들이랑 함께할 때는 잘 안 되던 공부가 왜 그리도 잘되던지. 오랜 가뭄 끝에 내린 한 줄기 소나기를 메마른 대지가 온몸으로 빨아 마시는 것처럼 옹골진 공부를 했다. 어머니 몰래 먹던 곶감 맛, 아니 조청 맛 같았다. 한참을 단 공부에 빠져 있는데 밖에서 친구의 엄마가 친구를 불렀다. 큰일 났다. 친구는 자고 있는데……. 얼른 불을 끄고 자는 척했다. 그러나 친구들과 함께 똑같은 시간 잠을 자고서는 도저히 앞설 수 없을 거라는 불안감이 아니 그놈의 욕심이 나를 다시 일으켰다. 조금 전의 상황이 다시 빚어질까 두려워 이제는 이불로 방문을 가렸다. 엷은 불빛도 새어나가지 못하도록. 친구들이 아침에 일어나기 직전까지 그대로 공부했다. 아침엔 그들이 눈치채지 못하게 막 잠에서 일어난 것처럼 잠에 취한 행동을 했던 그 치밀함이라니…….

그러나 세상에 비밀은 없는 법이라는 사실을 그때 처음 깨달았던 것 같다. 다음날 아침,

"이눔의 가시내야 갑순이는 날을 새워 공부하는데 너는 잠만

쿨쿨 잤냐? 바보 같은 지집애."

친구 엄마 고함은 친구들 여섯 개의 눈동자를 일시에 내게 못 박히게 하는 위력을 발휘했다. 어찌나 염치없고 미안하던지 지금도 생각하면 콧등에 땀이 맺힌다.

학창 시절에 우등생의 반열에 오를 수 있었던 것도 순전히 욕심 또는 경쟁의식 때문이었을 게다. 어쩌다 나를 앞질러 아무 잘못 없이 시달려야 했던 친구에게 미안하고, 경쟁심을 불러일으켜 승부욕을 자극했던, 친구들에게 감사하다.

늦은 나이에 무엇 하러 공부하느냐고 또 다른 욕심 아니냐는 사람도 있지만, 그동안 욕심 때문에 제대로 된 학습을 하지 못했던 것 같아 이제는 진정한 공부를 하고 싶었는지도 모르겠다. 단지 누군가에게 뒤지지 않기 위해 앵무새처럼 줄줄 외워대던 그런 학습이 아니라 새로운 것을 알아가고 좀 더 깊이 있는 학문을 접하는 일이 기쁠 따름이다.

지금도 여전히 경쟁자랄 수 있는 학우들이 곁에 있지만 그들과 경쟁하여 이기려 하는 어리석은 학창 시절을 보내지는 않는다. 면대면 강의 없이 혼자서 스스로 학습을 해야 하는 특성상 자칫 포기하는 학우들이 있을 수 있고 나 자신도 그런 유혹에 빠져들 때 이제는 서로 따뜻한 손을 잡아 주며 졸업까지 꿋꿋하게 생활하자고 어깨동무를 한다.

왜 무엇이 이렇게 변하게 만들었는지는 모르겠으나 적어도 욕심의 포로가 되어 살지는 않게 되었다. 나이가 가르친다던가? 친구들이 아니, 내가 아는 사람들이 기쁘고, 행복한 것이 이제는 내 자랑이고 내 기쁨으로 느껴진다. 그때 그 시절 목까지 차올랐던 욕심과 경쟁심은 이미 시골 마을 골목길을 빠져나간 저녁연기가 되었다. 타인이 행복하면 나도 덩달아 행복하다.

벼락치기 공부 습관은 바꾸지 못하고 시험 기간을 코앞에 두고 도서관으로 달리는 모습은 여전하지만 부질없는 욕심이나 경쟁심에 휘둘리는 삶이 아니기를 애쓰며 산다.

운전 못하는 여자

●명절을 기해 TV에서는 '도전 골든 벨'을 모방한 연예인 골든 벨을 하고 있었다. '세계적으로 가장 많이 팔린 책은 성경이며, 우리나라에서 가장 많이 팔린 책은 운전면허 예상문제집이다. 맞으면 ○ 틀리면 ×를 하라'는 문제였다. 아직도 엄마는 만능인 줄만 알고 있는 아이들에게 행여 발각될지도 모를 내 앎의 한계를 생각하며 가만히 ×에 마음의 무게를 올려놓았다. 그런데 웬걸 우리나라에서는 가장 많이 팔린 책이 운전면허 예상문제집이란다. ×가 답일 거라 확신하며 그럴듯한 이유를 찾을 때는 눈만 돌리면 시야에 들어오는 교회의 첨탑과 한 집에 몇 권씩 되는 성경책을 생각했는데 또 새로운 답에

대한 그럴 듯한 이유가 떠오른다.

민족의 대이동이 있는 명절 때마다 들리는 교통지옥 이야기. 추석과 설날이면 고향을 찾아온 사람들의 입을 통해서 듣는 고무줄 미터의 귀향길. 운 좋게 시간대를 선택한 사람은 7시간 걸려 왔는가 하면 뉴스와 신문 등 온갖 정보를 뒤적여 출발 시간을 정한 어떤 사람은 13시간 걸려 왔다는 이야기를 듣는다. 그만큼 자동차가 많다는 이야기일 게다. 하기야 2003년 말 기준 우리나라 자동차 보유량이 천만 대가 넘는다고 하니 아직 자가용을 소유하지는 않았지만 운전면허증을 취득한 사람까지 헤아리면 가히 짐작할 만하다. 그러니 가장 많이 팔린 책이 운전면허 예상문제집일 수도 있겠다.

나를 아는 사람들은 종종 운전 못하는 나를 박물관에나 있을 사람이라고 한다. 모든 일에 욕심 많고 나름대로 지속적으로 사회활동을 해온 사람이 운전을 못하는 것은 너무도 기이한 일이라는 것이다. 난 운전을 못하는 게 아니라 하지 않는다.

12년 전 우리 집에는 너무도 가슴 아픈 일이 있었다. 1년여 동안 지병을 앓던 아버지께서 돌아가시고 한 달쯤 뒤에 또 군대를 막 제대한 막냇동생이 교통사고를 당했다. 가정형편을 고려하여 실업계 고교를 마치고 일찌감치 군대에 자원입대했던, 항상 어려운 집안을 자기 힘으로 일으키겠다고 다부진 각오를 주문처럼 외워대던 착한 동생이었다. 제대하고 병석에 있는 아버지의 병구완은 또 얼마나 정성껏 했던가. 매일 대소변을 받아내고, 늘 아버지의 손발이 되고 동무가 되어 드리느라 자신의 생활은 엄두도 내지 못하면서도 행복해 죽겠다는 표정이던 동생이었다. 그런 정성에도 결국 아버지께서는 한 많은 생을 마감하였고, 그길로 동생은 홀로 남은 어머니의 생활을 위해 상경했다. 상경한 지 3일 만에 그런 일을 당한 것이다. 여자가 운전한 차였다.

초저녁에 다급한 전화를 받았다. 동생이 교통사고를 당했다고. 아이들을 친정에 맡기고 김제에서 열차를 타고 서울에 갔다. 설마 그토록 큰 사고였을 줄은, 동생과 단 한 마디 말도 나누지 못하고 이별을 하게 될 줄은 꿈에도 생각하지 않았다. 연락 받은 장소에 가서 큰 병원으로 옮겼다는 소리를 듣기 전까지만 해도 상상도 못했다. 다른 병원 영안실에 가서야 현실파악이 되었다. 정말 하늘이 노랬다. 그때 우리 집은 풍비박산이 난 것이나 다름없었다. 심장병을 앓고 있던 어머니께서 알면 줄초상이 난다고 알리지 말아야 한다는 의견과 눈앞에서 죽어가는 자식을 보고도 절대로 믿기지 않는 것이 부모의 마음인데 어찌 자식의 마지막 가는 길을 속일 수 있겠느냐는 의견이 팽팽했다. 결국 청심환을 드시게 한 후 동생이 이승에서 마지막으로 쉬고 있는 병원 영안실까지만 모셨다. 도저히 동생의 모습을 보여드릴 수 없었다. 사고의 충격이 어찌나 심했던지 동생은 전혀 다른 사람의 모습을 하고 있었기 때문이다. 단 며칠만이라도 이별 준비를 할 수 있었더라면 이토록 애석하지는 않을 것이다.

그때부터였을 것이다. 난 절대 운전하지 않으리라. 그 여자가 운전하지 않았다면, 이 세상에 여자 운전자가 없었다면 내 동생을 그렇게 보내지는 않았으리라. 이런 억지스러운 생각이 내 가슴엔 너무도 깊이 새겨진 신념이 되었다.

그뿐인가. 석유 한 방울 나지 않는 나라에서 '나' 라도 운전을 하지 않아야 하지 않겠는가. 자원절약뿐만 아니라 환경을 오염시킬 자가용이 없으니 나는 자신이 공인한 애국자다. 운전을 못해도 아들 딸 조화롭게 낳아 잘 키우고 있고, 직장 생활도 다소 불편한 점이 있기는 하지만 아직까지 충실히 잘 해내고 있지 않은가.

그러나 내심 운전 잘하는 사람들을 보면 부럽기는 하다. 그들이 나를 보고 신기해하듯이 난 그들이 신기하고 존경스럽기까지 하다. 어쩌면 그렇게 운전을 잘할 수 있는지.

그렇다고 내게 운전면허증이 없는 것은 아니다. 10여 년 전 도로주행 시험을 통과해야 면허취득을 할 수 있는 운전면허제도 변경이 시작되기 직전 면허증을 땄다. 그때 어설픈 운전 솜씨로 차를 끌고 도로에 나가보기도 했다. 그러나 어찌나 두렵던지 옆자리에 앉아 있을 때는 그리도 넓던 도로가 운전석에만 앉으면 골목길이 되곤 했다. 앞에서 커다란 차가 나를 덮칠 듯이 달려오는 것을 볼 때는 아예 갓길에 차를 세우고 핸들에 얼굴을 묻어버리기도 했다. 난 아예 운전에는 소질이 없는 것이다. 누구에게나 하나의 달란트는 있는 법이고, 누구에게나 절대로 할 수 없는 것이 있듯이 내게 절대로 할 수 없는 한 가지가 운전인 모양이라 생각했다.

난 절대로 운전을 하지 않을 것이고 또 못할 것이라고 하면 "에구 닥치면 다 한다. 딸내미 고등학교만 들어가 봐라. 그 아이 야간학습 마치고 돌아오는 길을 생각하면 안 하고는 못 배길 걸." 친구들은 확신을 가지고 단정을 짓는다.

모르겠다. 그때 가면 12년 전에 아프게 보내야 했던 동생과의 이별도, 애국자랍시고 자위했던 그 시절의 객기도 다 잊고 멋지게 핸들을 잡고 시내를 주행하고 있을지. 지금 중학생인 딸이 여고생이 되는 날을 기다려 보는 수밖에.

나는 신입생

● 삼월은 일 년 중 세 번째 달이지만 학생들에게는 시작의 달이다. 한 학년을 마치고 진급하기도 하고 각급 학교 입학식이 있기도 하다. 나름의 목표를 향해서 출발선에 서는 달인 것이다. 겨우내 움츠렸던 모든 식물들은 저 깊은 뿌리로부터 말간 물을 끌어올려 신입생 같은 새눈을 틔우기 위해 몸을 털고, 동물들은 부스스 겨울잠에서 깨어나는 생동하는 달이다.

생동하는 올 삼월엔 유치원에 입원하는 조카와 초등학교에 입학하는 친구의 딸이 있다. 나도 그들처럼 오늘부로 신입생이다.

10여 년 전, 어렵사리 운전면허를 취득해 놓고 차일피일 미뤄

왔던 운전을 해야만 하는 상황에 직면했다. 여덟 살이 되면 초등학교에 입학해야 하는 아이들처럼 이제 더 이상 운전을 하지 않으면 안 되는 처지에 놓인 것이다. 운전을 하지 않으니 공해를 유발하지 않는 사람이라는 둥, 기름 한 방울 나지 않는 나라 국민으로서 나라도 차를 가지고 있지 않는 것은 애국하는 일이라는 둥, 이유 같지 않은 이유를 붙이면서 운전을 하지 못하는 나름의 합리화를 시키며 살아왔던 내게 갑자기 차가 생겼다.

동생이 새 차를 구입하면서 타던 차를 주었다. 사소한 것이라도 거저 얻게 되면 염치없이 입가에 미소가 번지는 기질을 고스란히 간직한 나이지만 왠지 자동차는 달갑지 않았다. '장롱면허' 소유자이기 때문이다. 언젠가는 해야 한다는 것을 인정하면서도 그날이 빨리 오지 않기를……. 미룰 수만 있다면 한없이 뒤로 미뤄두고 싶은 심정이었다. 명예이전도 하고, 자동차보험까지 가입해 놓고도 운전하는 일을 미룰 수만 있다면 미룰 심산이었으니 스스로 생각해도 한심한 신입생이다.

책가방을 구입해 놓고 매일 언제 학교에 가느냐고 졸라대는 초등학교 입학생의 심정은 아닐지라도 적어도 이제 내 차가 생긴다는, 나도 자가운전자가 된다는 기대와 기쁨에 벅차올라야 할 터인데 바람 빠진 풍선처럼 늘어지기만 했다. 내가 과연 운전을 할 수 있을까?

시내 이곳저곳 운전학원에 전화를 했다. 쇠뿔도 단김에 빼랬다고 맘 먹은 김에 당장, 그러나 도살장에 끌려가는 마음으로 자동차학원 새내기 연수생으로 등록했다. 유치원에 입원하는 조카나 초등학교에 입학하는 친구 딸의 심정이 그랬을까?

떨리고 두려웠다. 면허증 취득한 지가 하도 오래되어 시동도 못 거는 사람 그리고 대한민국에서 둘째가라면 서러울 만큼 겁쟁이인 나를 맡아 연수시켜줄 선생님은 어떤 분일까? 사뭇 궁금한 마음이 있어야 옳은 것이 아닌가? 그러나 연수 예정 시간이 다가올수록 겁만 난다. 주변 사람들에게 나도 연수받으면 운전할 수 있을까요? 자꾸 확인하고 용기를 갈구했다.

드디어 선생님과 첫 대면이다. 반 편성 같은 것은 필요 없다. 나의 담임은 아담한 키에 검정 가죽점퍼를 입고 선글라스를 낀 삼십대 중반의 남자 선생님이다. 면허증 취득 과목에 도로주행이 추가되기 전에 취득해 놓고 시동 한 번도 걸어 본 적 없는 지독한 '운전치' 라고 먼저 소개했다. 환자의 상태를 정확히 진단했을 때 가장 적절한 치료법이 나오듯, 운전연수를 받을 수강생의 상태가 어느 정도인지를 파악하는 것이 가르치는 사람이나 배우는 사람이나 다소의 시행착오라도 줄일 수 있으리라는 심정에서 부끄러운 줄도 모르고, 집에서 한글도 떼지 않은 어린이라고 자수한 꼴이다. 나 같은 연수생도 있었느냐고 물으니 아주 가끔씩 있다 한다. 강사님은 가나다도 모르는 아이를 남겨놓고 나머지 공부를 시키듯, 한적한 곳에서 시동 거는 것부터 가르치기 시작했다. 엄마야~, 무서워~를 연발하는 내게 강사님은 일단 두려움부터 없애라는 주문이다.

만사는 시간이 약이라고 했던가? 1시간 정도 진땀을 흘리며 강사님 말씀에 따르고 나니 두 다리가 뻣뻣하게 쥐가 났지만 조금씩 할 수 있다는 자신감이 싹트기 시작했다. 단단한 땅을 헤치고 뾰족이 얼굴 내미는 새싹의 여린 기운이 내 안으로 뻗치는 것이다.

누군가 그랬지. 삶의 과정에서 만나게 되는 어떤 괴로움과 고통도 감당할 만하니까 주시는 거라고. 그리고 그 고통마저도 내가 살아 있다는 증거이니 모든 것을 그저 감사하며 순응하라고. 그래. 순응하는 거야. 내일은 오늘보다 낫겠지 아니 낫도록 해야겠지. 스스로에게 용기와 자신감을 주어본다. 넌 할 수 있어.

귀고리

●하루 24시간 중에서 가장 빠른 속도감을 느끼는 시간은 아침 출근 준비하는 시간이 아닐까 싶다. 아침형 인간도 못 되면서 난 이상한 버릇이 있다. 잠자는 시간을 늦추고라도 밤에 모든 것을 다 준비한다는 직장 여성들이 많은데, 난 일단 피로를 푼 다음 일처리를 하는 습성이 있다. 그래서 모든 것을 그냥 둔 채로 잠을 자고 아침 일찍 일어나 처리한다. 그러다 보니 차분하게 밤 시간대를 이용하여 일을 하는 사람보다는 모든 면에서 부실하고 실수하기 일쑤다.

어려서부터 남자 형제들 틈에서 자라서인지 난 여성스러운 면이 다소 부족한 선머슴 같은 모습으로 자라왔다. 그래서일까? 난 유독 여성스럽게 치장하는 것을 좋아한다. 특히 액세서리를 즐겨 착용한다.

촌음을 다투는 아침 시간대에 허둥지둥 출근 시간에 맞추려다 보면 모든 복장을 갖춘 후에 마무리 단계에서 착용하게 되는 액세서리를 빠뜨리는 경우가 종종 있다. 나는 액세서리 중에서도 유독 귀고리에 애착이 있다.

귀고리와 인연을 맺은 것은 30대 초반이었다. 20대 여직원의 설득으로 반 강제로 귀를 뚫게 되었다. 뚫는 날부터 상처가 다 마무리될 때까지 그 여직원은 매일 소독을 해주고 연고를 발라주고, 왜 그런 정성을 들여 내 귀에 귀고리를 착용시키려 했는지는 모르겠지만 지금 생각하면 참 고마운 사람이다. 그 여직원의 강권이 아니었다면 지금까지도 난 귀고리를 그림의 떡 보듯 쳐다만 보며 살았을 것이다.

골격이 커서 남자처럼 생긴 모습과는 달리 소심한 나는 귓바퀴에 뚫린 구멍이 남들의 눈에 보일까 봐 귀고리를 하지 않고는 외출을 하지 못한다. 남들은 거의 의식하지도 않을 텐데 말이다.

오늘은 모처럼 여유 있게 출근 준비를 할 수 있었다. 마침 전날 먹었던 반찬과 밥이 있어 아침에 새로 할 필요가 없어서 더욱 느긋한 아침이었다. 으레 그런 날 출근 시간 임박해서는 단거리 달리기를 하곤 하는데 오늘도 예외는 아니었다. 시간이 좀 있다 싶으니 이 옷을 입을까 저 옷을 입을까, 거울 앞에서 한참을 망설이며 겨우 선택한 외출복, 시계를 보니 아차, 순식간에 핸드백과 휴대폰만을 챙겨 들고 5층에서 단걸음에 뛰어 내려왔다.

한참을 가다가 문득 귀고리가 빠졌다는 것을 깨닫고는 잠시의 망설임도 없이 다시 집을 향해 달리고 있는 것이다. 육중한 몸으로 허겁지겁 다시 5층까지 되짚어 올라가는 일이 만만하지 않다. 그러나 난 그런 일이 있을 때마다 그런 수고를 감내한다. 내 귀에 귀고리가 걸렸는지 안 걸렸는지, 어떤 것인지 남들은 관심도 없을 것이다. 그러나 내 스스로의 만족감이랄까?

그날그날의 의상에 따라 나름대로 외출 준비의 마무리를 짓는 것이 귀고리 착용이다. 많은 종류의 것을 갖추고 있지 않지만 그날의 외출복과 가장 매치가 잘된다 싶은 것으로 골라서 귀에 걸고 나서야 비로소 외출 준비를 완벽하게 갖추었다는 생각이 드는 것이다. 이런 이상한 습성 때문에 한 달이면 서너 번은 택시를 타야 한다.

친구들과 쇼핑을 다닐 때도 그냥 지나치지 못하는 코너가 액세서리 코너이다. 사든 안 사든 요즘은 어떤 유형이 유행하고 있나, 어떤 특이하고 새로운 물건이 있나 확인을 해야 직성이 풀린다. 그러니 친구들은 으레 무심코 그 앞을 지나치려는 나의 의식을 다시 일깨우곤 한다.

왜 무엇이 내게 그 간단한 물품에 그토록 목을 매게 하는지는 모르겠다.

헐레벌떡 되짚어 달려가서 걸고 나온 귀고리가 웃을 때 드러나는 금니처럼 유난히 반짝임을 느낀다.

염색

● 거실 바닥에 신문지를 넓게 깔고 어깨에 두를 낡은 수건도 준비했다. 낮에 만났던 친구들의 세련된 머릿결이 생각났기 때문이다. 앞머리에 새치가 많던 친구와 머리 모양에 그다지 신경을 쓰지 않는 친구의 머릿결은 마치 샴푸 모델 같았다. 나란히 미용실에 가서 한 친구는 염색하고 한 친구는 파마를 했다는 것이다. 미용실에 다녀온 지 오래된 내 머리에 자꾸만 손이 갔다. 염색을 미루었던 것도 후회스러웠다.

늘어나는 나이만큼 자연스럽게 생기는 흰 머리카락도 인정해야겠지만, 왠지 아직은 혼자만 간직한 비밀이고 싶었다. 전문가의 손길을 거친 그들 머릿결만은 못하겠지만, 흰 머리만이라도 감출 수 있다면……. 들뜬 내 기분과는 달리 딸은 염색해 줄 일이 썩 내키지 않는 모양이었다. 티브이에 시선을 고정하고 앉아서 자꾸만 시간을 늦추었다. 티브이 한 프로가 끝날 때까지 기다렸다.

양손에 비닐장갑을 끼고 안쪽 머리부터 차근차근 바르라고 했는데 딸은 듬성듬성 거칠게 솔질을 했다. 약이 묻은 솔 끝을 그릇 가장자리에서 한 번쯤 정리하고 사용하면 좋을 텐데. 바닥에 염색약이 뚝뚝 떨어졌다. 신문지에 떨어져 번지는 염색약만큼 나의 화도 스멀스멀 전신으로 번졌다. 잘 바르는지 거울을 보던 눈을 감았다. 윤기 도는 검은 머리카락을 상상했다. "머릿결 참 좋다."라며 부러운 시선으로 바라볼 친구들을 생각하며 행복감에 젖어들 때, 딸의 거친 손놀림이 목 부근에서 느껴졌다. 감은 눈에 힘을 주었다. 입술을 지그시 물었다. 또다시 염색약 그릇을 받쳐든 내 손에 약이 뭉텅 묻었다.

"에이, 그렇게 하기 싫으면 그만해."

바닥에 깐 신문지는 돌돌 말아 버리고, 어깨에 걸친 수건은 세탁바구니에 힘껏 던졌다. 염색약까지 쏟아버리고 싶었으나 차마 그러지 못하고 혼자 전신 거울 앞에 섰다.

왼손 오른손을 번갈아가며 솔질을 했다. 뒷머리가 문제였다. 어깨도 아프고 팔도 아프고 눈은 돌아가고. "그래 내가 너한테 부탁 안 한다 안 해. 니 엄마가 머리 허옇게 다니면 좋겠지!"라고 불과 5분 전에 큰소리쳐 놓고 거울 앞에 서 있는 것이다.

참 염치없는 어른이 되었지만 낮에 친구들을 보면서 은근히 부러웠던 마음이 살아나 빗질을 그만둘 수가 없었다. 어렵게 염색약을 다 바르고 딸과 약간의 거리를 두고 앉았다. 욱 올랐던 화가 아직도 뻣뻣해서 느긋하게 기다릴 수 없었다. 헤어드라이어로 머리에 온기를 주고 시간을 당겨 감아버렸다.

그동안 모녀는 한 마디도 하지 않았다. 무거운 시간이 흘렀다. 말없이 방에 들어갔다. 평소 같으면 잠잘 시간이 한참이나 지났지만, 정신은 더욱 또렷해지고 눈은 말똥거렸다. 불편한 밤이 깊었다.

다음날 아침. 딸아이의 눈치만 살폈다. 거울 앞에서 외출을 준비하는 딸의 모습을 곁눈질로 바라보았다. 무어라 말을 해야겠는데……. 어른답지 못하게 화를 냈던 자신의 부끄러움만 염색된 까만 머리카락처럼 내비쳐졌다.

그 후, 약속이나 한 것처럼 흰 머리가 보기 흉하게 자랄 때까지도 염색에 대해 거론하지 않았다. 한동안 빗질을 할 때마다 정수리 부분에 쏙쏙 올라와 있는 흰 머리카락이 눈에 거슬렸다. 미용실에 가면 될 일이지만 아직은 나의 흰 머리카락을 남에게 알리고 싶지 않았다.

그러던 어느 날 딸이 말했다.

"엄마, 염색해 드릴까요?"

"그래? 미용실에서 염색할 때 지불하는 돈 반절 줄게."

솔질하는 딸의 손길이 유난히 부드러웠다. 염색 때문에 불편했던 날을 기억하는 것이리라.

내 흰 머리는 불혹을 넘기면서부터 생겼다. 그만큼 마음도 깊어지고 넓어져야 하는데, 어린 딸보다 못한 엄마가 되었다. 내 안에서 어떤 일이 벌어지고 있는지, 무슨 생각이 올라오고 있는지 먼저 들여다보아야 했다. 그리고 좀 더 긴 호흡을 해야 했다. 그러나 혼자 하는 염색처럼 늘 어설픈 감정 조절이다. 보기 흉한 흰 머리를 염색해서 검은 머리로 만들 듯 조절이 안 되는 부끄러운 내면을 좀 더 여유롭고 품위 있게 색칠하는 법은 없는 걸까?

약속한 수고비를 딸의 손에 가만히 쥐어주었다. 어른스럽지 못했던 엄마를 용서해주기를 바라는 마음을 얹었다. 딸은 겸연쩍게 웃으면서 손을 잡았다.

"엄마, 염색 정말 잘됐다!"

"그럼, 누가 해준 염색인데."

단골 미장원

“야, 너 아직도 연변처녀처럼 하고 다니는구나. 이리로 좀 앉아봐라.”

7년 전, 물어물어 찾아간 미장원 주인 언니의 일갈이다.

머리 모양을 바꿔볼 계획은 없었다. 단지 오랜만에 미용사 언니를 만나게 된다는 기쁨과 설렘으로 들어선 길이다. 문을 열고 들어서자마자 의자에 앉혀 놓고 가위를 들이미는 데는 어쩔 수 없었다. ‘이 언니라면’ 하는 안도감과 내 머리 스타일을 보며 질린다는 주변 사람들에 대한 최소한의 배려라는 생각이 버무려져 선뜻 머리를 맡겼다.

성공을 거둔 셈이었다. 보는 사람마다 산뜻하다느니, 세련되었다느니. 젊어 보인다느니 입에 침이 말랐다.

사회 초년생이던 시절, 나는 화장하는 법도, 머리를 멋스럽게 매만지는 법도 모르는 숙맥이었다. 시골 태생인 데다 학창 시절도 시골에서 보내고 나이 차이 많지 않은 이모도 고모도 없었으니 멋쟁이 흉내라도 낼 수 없었다. 다행히 가무잡잡하지만 건강한 피부였고, 머리카락은 숱이 많고 건강한 편이어서 부모님으로부터 물려받은 신체상의 가장 자랑할 만한 것이라 자부한다. 시골 농협에 입사했을 때 만나게 되는 사람들은 머릿결이 참으로 탐스럽고 좋다면서 무엇으로 머리를 감느냐고 묻곤 했다. 빨랫비누로 머리를 감고, 향기 좋으라고 세숫비누로 헹구는 것이 내 머리관리의 전부였다. 그 무렵 알게 된 미장원이다.

천성 탓인지 한번 인연을 맺으면 좀체 바꾸지 않는다. 스물한 살에 알게 된 그곳에서 신부화장도 했고, 작은아이가 태어날 때까지도 그곳만 이용했다.

그러던 어느 날 미장원이 전주로 이사를 했다. 그 집이 이사한 뒤로 난 머리 손질을 할 수가 없었다. 뒷머리는 질끈 묶었으나 앞머리가 자라나 눈썹을 덮고 급기야 눈을 찌르는 통에 결국 초등학생처럼 핀으로 꽂아야 하는 지경에까지 이르렀다. 시내에 볼일이 있어 나가면 사람들의 눈총을 따갑게 받았다. 뭐 저런 아줌마가 있어? 참 촌스럽네 하는 표정들.

머리 손질 잘한다고 소문난 곳에 가봤지만, 실망스러울 뿐이었다. 딱히 원하는 머리 모양이 있는 것은 아니었지만 맘에 들지 않아 곧바로 다른 미장원에 가서 파마를 풀어버리기도 했다. 결국 두어 차례 그런 일이 있은 뒤론 그대로 머리를 묶어야 했다.

시간이 지나니 앞머리가 뒤로 묶을 정도로 길어서 뒤통수에 하나로 질끈 동여매는 스타일이 트레이드마크가 되었다. 미장원 갈 일 없고, 돈 들이지 않아도 되고 참 편하고 좋다는 생각이었다. 문제는 보는 사람 눈도 생각해달라는 원성이었다. 명절 때나 오랜만에 만나는 친지들로부터 듣기 싫은 말을 듣는 것이 고역이었다. '아직도 그 머리우? 참 끈질기오. 보는 사람 눈도 좀 생각해주시우.' 그렇게 12년을 살았다. 40세가 될 때까지는 그래도 되겠거니 했다.

그러다 J시로 이사를 했다. 불편 없이 살았던 머리가 도시로 나오니 거추장스럽게 느껴졌다. 외출하기가 겁이 났다. 남들 시선이 더욱 의식되었다. 그 언니를 찾아야 했다. 알 만한 사람들에게 연락해서 알아낸 사대부고 사거리 부근이라는 정보만 가지고 친구와 빙빙 돌다가 못 찾고 되돌아오기 두어 번 후, 찾아들어간 것이다.

짧은 머리를 하니 적어도 한 달에 한 번은 미장원에 들러야 깔끔하다. 언니의 기분에 따라, 이런저런 스타일로 변신을 시켜준다. 헤어스타일에 있어서만은 나의 생각이 없다. 그 언니가 만져주는 대로 오케이다. 내가 미장원엘 다녀온 후, 지인들은 어느 날은 펌이 강해 아줌마 같아 보인다고도 하고, 어느 날은 촌스럽다고도 한다. 그러나 '그 언니가 했으니 괜찮아.' 전혀 염려가 되지 않는다.

우리 집에서 단골 미장원까지는 택시로 기본요금 두 배 이상은 나오는 거리다. 그렇다고 머리 손질비가 다른 미장원에 비해 현저히 싼 것도 아니다. 그러나 난 그곳만 이용한다. 성격 까다롭다고 비아냥거리는 사람도 있지만 어쩔 수 없다. 엄마가 내게 절대 나쁜 일을 시킨 적이 없었던 것처럼, 내가 딸에게 절대 좋지 않은 일을 하게 하지 않는 것처럼 그 언니는 내 머리를 절대 이상하게 만질 사람이 아니다.

한두 번 나를 따라 다니던 딸도 단골이 되었다. 제 또래 친구들과 함께 다녀도 되련만, 꼭 엄마가 다니는 그 미장원에만 가려고 한다. 대를 이은 단골 미장원이다.

단골은 그렇게 무조건 믿는 것이다. 주인과 손님 사이에 형성된 지독한 믿음이다. 좀 불편해도, 다른 사람이 비방을 해도 변함없이 믿고 찾는 것이다. 조금은 고지식한 내 성격과 그 언니의 무던한 성품이 빚은 믿음이다.

20년 이상 단골로 지내다 보니 머릿결뿐만 아니라 가정사까지 속속들이 아는 관계가 되었다. 굳이 말하지 않아도 알 수 있는, 눈빛만 보아도 서로 통하는 사이다. 바빠서 들르지 못하고 있으면 아, 이제쯤 올 때가 되었는데 생각했다는 날, 내가 어김없이 나타나곤 한단다.

나도 누군가에게 단골이 되고 싶다. 내가 한 일이라면 무조건 믿어주고, 내가 저지른 실수까지도 감싸주고 두둔해줄 수 있는 사람…….

오늘도 거울 앞에서 단골 미장원에서 손질한 머리를 매만진다. 매일 거울을 보며 외모를 다듬듯 내면을 살피고 다듬어야겠다는 생각을 한다.

마사지

● 피부 마사지는 부잣집 마나님들이거나, 미에 특별히 관심이 있는 여자이거나, 아니면 그를 업으로 밥을 먹고 사는 사람들이나 하는 것쯤으로 여기며 살았다. 본디부터 털털한 성품에 타고나기를 까무잡잡한 피부여서인지, 아예 그쪽으로는 관심조차 갖지 않았다. 시쳇말로 호박에 줄 긋는다고 수박이 되랴, 하는 생각에서였는지도 모르겠다.

어느 날 퇴근길에 신장개업한 마사지 숍이 눈에 들어왔다. 집 근처에 새로 문을 연 피부 마사지 숍인데 커다란 장미로 꾸며진 유리창이 별 관심 없이 지나치는 발걸음을 붙잡았다. 장미 두어 잎은 아래로 처지고 나머지는 싱싱하고 꼿꼿하게 위쪽으로 붙어 있는 모습이 내 맘을 사로잡았다. 분홍 장미였다.

며칠을 그냥 문전에서 살며시 안을 들여다보는 것으로 만족해야 했다. 그런 곳은 나와 상관없다 싶으면서도 이상하게 퇴근길이면 그 마사지 숍 부근으로 돌아가게 되었다. 최근 들어 유독 늘어가는 잔주름이 사춘기 여고생 뾰루지처럼 도드라져 보였다.

어디서 나온 용기였는지 그날은 용감하게 문을 밀쳤다. 상냥하고 예쁘장한 그리고 아주 날씬한 여인이 반갑게 맞이한다. 쭈뼛쭈뼛 안으로 들어가니 화려한 커튼이 드리워진 공간에 세 개의 침대가 놓여 있고, 거기 누운 상체를 반쯤 드러낸 여성에게 마사지사가 얼굴에 무엇인가를 발라주고 있는 모습이 보였다.

마사지 한 번 받는 데 소요되는 금액이 얼마인가를 조심스럽게 물었다. 요즘은 마사지가 사치가 아니라 생활이라면서 간곡하게 마사지 받을 것을 설득하는 주인의 말꼬리를 꺾으며 지킬 자신이 없는 약속을 하고 나왔다. "다음에 오겠습니다." 들어가 보니 누구나 갈 수 있는 공간이구나 싶은 생각이 들었다. 마사지가 결코 호사나 사치가 아니라는 인식의 전환을 할 수 있었다.

그로부터 삼 일 뒤 그 마사지 숍에 다시 갔다. 그날은 기분이 참 많이 우울한 날이었다. 쇼핑을 하거나 어디로라도 떠나고 싶은, 그래서 기분을 전환해야만 살 것 같은 날이었다. 1회씩 하는 것보다 한꺼번에 4회분을 계산하면 할인이 된다기에 큰맘을 먹었다.

그래, 이 정도는 자신을 위해 투자해도 되겠지. 내 삶도 그만한 자격은 있지. 내 몫의 어떤 작은 물건 하나만 사려 해도 아이들의 까만 눈망울이 선연히 떠올라 자꾸만 망설이고 포기하곤 했던 날들의 내가 아니었다. 기미와 주근깨를 벗겨내고 당당하게 새로운 여성으로 태어나 거리를 활보하는 제2의 인생을 살아가는 당당한 40대 커리어우먼으로 변한 내 모습을 떠올렸다.

퇴근하고 부랴부랴 달려가야 마사지 숍 마감 시간 내에 도착할 수 있었다. 탱탱하고 깔끔한 피부를 가지는 일은 그리 쉬운 일이 아닌 듯했다. 투명한 피부를 가진 많은 여인들의 숨은 고행이 실감되는 순간이었다.

1주에 한 번씩은 받아야 한다는데 그 정도 시간을 내기도 힘겹거니와 내 자신에게 투자한다는 개념으로 끊어 놓은 4회분이 너무 쉽게 소모되는 것도 아까워 드문드문 가기 시작한 게 벌써 세 번째 마사지를 받았다.

얼굴과 목, 상체까지 마사지를 받는 데는 꼬박 2시간여가 소요된다. 첫 번째 마사지를 받는 날은 왠지 어색하고 불편했다. 목욕탕에서 젊은 여인이 나이 든 분에게 가만히 누워서 때를 밀어달라고 할 때처럼 꽤 죄스럽고 미안한 마음이었다. 그러나 두 번 세 번 하다 보니 상당히 자연스러워졌다. 마사지 하는 동안 편안히 잠을 청하기도 했다. 마사지 두세 번에 피부미인을 꿈꾼다는 것은 언감생심이지만, 온전히 자신만을 위해서 시간을 투자할 수 있음에 맑아지는 피부보다 가슴에서 느끼는 행복감이 훨씬 컸다.

마사지를 마치고 오백여 미터 거리의 집에 갈 때에는 화장기 없는 얼굴로 누군가 아는 사람에게 보일까 싶어 깊이 고개를 숙이고 걸었다. 새삼스럽게 보이지 않지만 뭐 하나 내세울 것 없는 내면의 내 모습이 떠올랐다. 겉모습이야 이렇게 피부는 마사지를 받으면 되고, 낮은 코는 성형외과에 가면 되고, 뚱뚱한 몸매는 헬스장에 다니면 될 테지만 빈약한데다가 단순하기까지 한 정신세계는 어떻게 가꾸고 다듬어야 할 것인지 막막했다.

이제 1회 남은 마사지 숍 방문은 내면을 좀 더 가꾸고 다듬은 다음에 해야겠다.

외로워서

● "여보세요?" "당첨을 축하드립니다. 이번에 새로 나온 금융상품인데……."

"……."

"긴급자금 필요하십니까? 저리로 드립니……."

통신의 홍수 시대에 사는 현대인들은 하루에도 몇 번은 이런 불필요한 전화를 받곤 한다. 긴급한 업무처리를 하는 중에 걸려오거나 진지한 대화 중에 걸려올 때는 발작적으로 신경질이 솟구치곤 한다. 그러나 종일 아파서 집에 누워 있는 날, 한참 끙끙 앓다가 조금은 그 아픔의 농도가 연해질 무렵, 누군가가 막연히 그리운 시간쯤, 사람 냄새가 그립고 사람 목소리가 애달프게 그리운 순간은 그마저도 기쁨의 소리로 들리기도 한다.

여름 감기는 개도 안 걸린다는데 연일 감기로 고생을 했다. 주변 사람들에게 거부감을 줄 정도로 심한 재채기와 줄줄줄 흘러나오는 콧물이 심상치 않더니 결국 독감에 걸렸다.

비칠비칠 일어나 겨우 아이들 아침을 준비해주고 자리에 눕고 말았다. 간밤에 먹은 감기약이 너무 독했나 보다. 양약에 대한 내성이 약해서인지 매번 감기약을 먹으면 감기 자체보다 약에 중독되는 현상으로 더욱 고생을 하곤 했는데 이번에는 그 증세가 더욱 심했다. 속이 메스껍고 어지러워서 도무지 일어날 수가 없다. 에라, 오늘은 푹 쉬라는 신호인가 보다 생각하고 결근을 결행한다.

아이들 학교 가는 것도 모르고 깊은 수면에 빠졌다. 얼마쯤 잤을까? 초인종이 울린다. 귀찮다. 그냥 소리만 듣고 만다. 다시 집전화가 울린다. 누굴까? 택배물이 온 걸까? 에이 모르겠다. 답답하면 휴대폰이라도 하겠지. 생각과 동시 휴대폰의 벨이 울린다. 아침마다 카풀해 주는 언니 전화다. 오늘 아침 몸이 안 좋아 출근 못할 거라 문자를 보냈더니 언니도 출근하지 않고 녹두죽을 쑤어 가지고 왔다.

감기몸살에 병문안이라니…….

사람은 정으로 산다더니 이런 맛에 사는가 보다. 친언니도 아니고 지척에서 자주 만나고 가까이 지내는 언니일 뿐인데 녹두를 삶아 걸러서 푹 불린 쌀을 넣어 끓인 죽이다. 어릴 적 아파 누웠을 때마다 어머니가 끓여주던 녹두가 알맹이째로 있던 죽과는 달랐지만 빨리 낫기를 바라는 마음은 큰 차가 없을 것 같다.

언니가 돌아가고 다시 잠을 청한다. 감기몸살엔 휴식이 최고라지 않던가. 얼마쯤 잤을까? 슬그머니 외로움이 엄습한다. 그리도 울려대던 휴대폰도 잠을 자는지 내 몸이 아프니 휴대폰도 따라 아픈 건지. 아님 수많은 익명의 사람들도 나처럼 아파 누워 있는 것인지. 딱 전화 올 곳도 문자 올 곳도 없지만 그래도 날마다 업무적으로든 잘못 온 것이든 수없이 걸려왔지 않았던가.

갑자기 외로움이 온 집 안을 덮칠 듯이 밀려온다. 망망대해에 나 혼자인 것처럼……. 울리지 않는 휴대폰이 무용지물이 된다. 단 하루의 단절이 이토록 외롭게 만들다니.

1년 이상 바깥 공기 한 번 자신의 발로 걸어 나가 마셔보지 못하다 훨훨 자유롭게 살 수 있는 나라로 간 아버지가 생각난다. 작은 마을이지만 동네 안길에서 더 좁은 골목길을 몇 미터 들어가 자리 잡은 우리 집은 거리를 지나다니는 사람들 모습이 쉽게 보이지 않는다. 가끔 사방이 아주 조용한 경우, 행인의 발자국 소리와 희미하게 들리는 음성을 통해 마을 사람 몇몇이 대화를 하나 보다, 집 밖의 풍경을 짐작할 수 있을 뿐이다. 그 감옥 같은 집에서 얼마나 깊은 외로움을 견디며 지냈을까. 사람 냄새가 얼마나 그리웠을지 오늘에서야 새삼 근접하게라도 가늠해 본다.

바쁘다는 핑계로 어쩌다 한 번 방문하는 것만으로 자식 도리

다했노라고 마음의 위안을 삼으며 지냈던 많은 시간. 얼마나 그리웠을까? 아들, 딸이. 아장아장 걸어다니는 손자 손녀는 얼마나 눈에 밟혔을까.

하루의 외로움을 견디면서 감히 수많은 날들 외로움에 갇혀 살다 간 아버지를 떠올리다니, 평상시에는 왜 짐작도 하지 못했던 것인지. 걸어 나가 사람들을 만날 수 없으니 종일 바깥을 향해 귀만 치켜세웠을 것이다. 그래서 유독 청각이 예민하였다니. 병환 중이지만 귀라도 밝으니 다행이라고 우리는 웃으며 말했지만 당신은 얼마나 절박했을까? 세상으로 통하는 유일한 길이 그뿐이었으니.

마루에 걸터앉아 지나가는 목소리를 들으며, 내 건강하고 젊었을 적에 함께 어울렸던 앞집의 재신이가 아닌가, 옆집 건식이가 아닌가, 친구들의 목소리를 일일이 기억해내고, 그들과 어울려 삽과 괭이를 어깨에 메고 들로 나가던 시절을 눈물로 떠올렸으리라. 바쁜 농사일을 하느라 어머니마저 들로 나가고 나면 혼자서 빈집을 지키며 잠도 오지 않는 긴긴 하루해를 보내는 일이 죽음을 기다리는 일보다 더 힘겨웠으리라.

신발 한 번 신어보고 싶어 마루에서 토방에 내려서려다가 굴러 떨어졌던 아버지. 어머니께서 아버지를 부축해 마루로 올리느라 힘겨워할 때 집에 들어선 우리들은 그 모습을 보고 놀라 아버지께 듣기 싫은 말까지 했었다. 걷지도 못하면서 왜 그랬느냐고?

어머니 힘들게 왜 그랬느냐고?

아버지의 가슴에 대못을 박는 말들이었다는 것을 그때는 몰랐다. 아버지의 간병과 집안 살림을 도맡은 어머니, 그 어머니마저 어찌 된다면 하는 걱정이 앞서 아버지의 외로움을 떨쳐버리기 위한 간절한 몸부림이라는 것을 알려고도 하지 않았다.

곁에서 울어주기만을, 누군가 나를 찾아주기를 기다리며 묵묵한 휴대폰을 닳도록 바라보며 세상 이야기 자주 물어다 들려드리지 못한 죄스러움이 소나기처럼 쏟아진다. 내가 기다리는 휴대폰을 통한 많은 사람들의 목소리가 아버지에게는 60평생 당신과 함께 걸었던 많은 이웃들의 발자국 소리였겠지. 가만히 앉아서 지나가는 소리만 들어도 누구의 발자국 소리인지 다 알아맞히던 아버지의 1년여의 시간이 얼마나 피 말리는 외로움의 시간이었을까?

단 하루 집에 누워서도 이렇듯 많은 생각이 나를 짓누르는데…….

통신의 최첨단을 걷고 있는 요즘, 그토록 세상으로 향하는 소리에 귀를 내걸고 계셨던 아버지 가신 천국으로 통하는 통신의 개발은 언제쯤이나 되려는지. 단 하루도 외롭지 않게 매일 휴대폰을 울려드릴 수 있는데…….

까께오

● 병상에 눕고부터 티브이 보는 것이 유일한 소일거리가 되었다. 반듯하게 오래 앉아 있기 힘겨워 독서하는 것도, 이어폰을 꽂고 음악 듣는 것도 시들할 때쯤 티브이를 본다.

어느 날 달게 낮잠을 자고 눈을 떴을 때 다른 침상의 환자가 켜 놓은 화면에 시선이 고정되었다. 깊은 바다에서 사람들이 걷고 있었다. 서커스도 아니고 마술도 아니고 귀신도 아니었다.

베트남 전통고기잡이들이 까께오를 신은 모습이었다. 긴 장대를 신발처럼 발에 묶고 바닷물 속을 걸어서 다니며 고기를 잡는 위험천만한 일을 하고 있었다. 배를 타고 나가 고기를 잡는 것이

어부의 생활이지만, 배를 살 돈이 없는 어부들은 까깨오라는 장대를 발에 묶고 바다에 들어가 새우를 잡아 겨우 생계를 유지하는 것이다. 그렇게 목숨을 담보로 종일 새우를 잡아야 한화 15,000원에서 25,000원을 번다. 그리고 남은 새우로 가족들이 식사를 한다.

돈이 없어 아이들 교육을 제대로 시키지 못하니 그들의 미래 또한 불투명하다. 까께오 새우잡이라도 제대로 가르치고 싶은 부모와 아이들의 모습이 눈물겹다. 바닷물 속을 걷기까지, 까께오와 자신이 한몸이 되기까지 피나는 노력을 한다. 좀 더 까께오를 익숙하게 다루기 위해 청소할 때도 까께오를 신고 한다. 육지에서도 가급적 움직일 때, 놀이할 때마저도 까께오를 신는다. 그래야 험한 바다 속에서 자유자재로 걸을 수 있을 것이기에.

지난해 연말 나는 암 환자가 되었다. 이제 암과 동행하는 삶을 살아야 하는 나는 까께오 같은 암과 친해지는 연습을 해야 한다. 까께오를 신고도 바람 불고 물살 거센 물속에서 거뜬히 새우를 잡을 수 있는 것처럼 암이 할퀸 생채기를 지니고 살아야 하는 나도 다시 무너지지 않게 단단히 마음을 조이며 세파를 해쳐나가야 한다. 죽을 것처럼 두렵고 싫어도 까께오와 친해져야 삶을 살아낼 수 있는 베트남 어린이들처럼 나는 두렵고 싫지만 암과 친해져야 한다.

암과 친구하라고들 하지만 알수록 두렵다는 생각이 든다. 같은 병실에 있던 젊은 사람으로부터 2년 전에 위암 수술 받고 상태가 호전되어 정상인처럼 생활하다가 재발했다는 말을 들은 지 한 달 정도가 지났는데 상태가 심각하여 중환자실로 옮겨갔다. 들리는 말에 의하면 가망 없다고 한다. 가족들도 호출되어 다녀갔다니 이제 그는 삶의 마지막을 예비하고 있는 것이다.

위암, 그거 아무것도 아니라는 사람들의 말에 귀 기울이지 않아야겠다. 이곳에서 만난 여러 사람들이 위암 우습게 알았다가 재발하거나 다른 부위에 전이되어 온 환자들이었다. 살아 있는 동안 긴장의 끈을 늦추면 안 되겠다. 과로하지 않기, 운동 꾸준히 하기, 음식조절 잘하기. 잊고 방심하는 순간 돌이킬 수 없는 지경에 이르게 된다는 사실을 명심해야겠다.

암 환자 확진 받은 지 1개월 반. 하늘에서 하얀 눈이 내린다. 그 전에 보았던 눈과 똑같을 것이지만 내 가슴에 내리는 이 눈은 생애 첫눈이다. 자칫했으면 내가 지금 이 자리에서 눈을 바라보지 못했을 터. 처음 보는 눈과 눈을 맞추고 창가에 장승처럼 서 있다. 신비롭기 그지없다. 내가 두 번 다시 저 눈을 보지 못할 상황에 처했었다는 것이 믿기지 않지만, 그랬던 내가 이렇게 창가에 서서 눈을 바라보고 있는 것은 축복이다. 모든 것에 감사하며 모든 삶에 순응하며 저 눈처럼 맑게 거짓 없이 살리라.

눈은 산 아래 저수지 잔잔한 물결에도 내리고 멀리 드문드문 솟은 소나무에도 내린다. 내 왼쪽 눈앞으로 사선을 그으며 달리는 차의 꽁무니에도 날린다. 눈앞에 살포시 떨어져 잠시 자기 형체를 보이고 사라지는 눈송이가 숨바꼭질하는 아이 같다.

까께오에 익숙해지기 위해 모래밭에서 맹연습하는 어린 소년의 모습이 화면에 가득하다. 그 모습을 지켜보는 부모님의 눈은 더욱 처량하다. 까께오를 모르고도 살 수 있다면, 세상 까께오를 모두 없애버리고 싶을 그 마음이 느껴진다. 세상 암 모두 사라지기를 바라지만 그럴 수 없는 것처럼, 그래서 차라리 손잡고 서로 익숙한 관계를 맺어가는 것이 현명한 것처럼 소년이 어서 까께오를 자유자재로 활용할 수 있기를 기도한다.

| 작품해설 |

치열한 삶이 빚은 자양을 먹고 자라는 박갑순의 수필

김 형 진 | 수필과 평론 쓰는 사람

경험經驗과 체험體驗을 혼용하는 경우를 더러 대하지만 실은 상당한 차이가 있는 말이다. 둘 다 어떤 일을 겪었다는 점에서는 상통하나 겪은 사람이 어떻게 받아들이고 어떻게 반응하느냐에 따라 많은 격차가 있으니 말이다.

> 내가 그의 이름을 불러 주기 전에/ 그는 다만/ 하나의 몸짓에 지나지 않았다.
>
> 내가 그의 이름을 불러 주었을 때/ 그는 나에게로 와서/ 꽃이 되었다.

김춘수의 시 〈꽃〉의 1연과 2연이다.

이를 독자에 따라 달리 감상할 수도 있겠으나 경험과 체험의 차이를 보여주고 있는 것이라고도 이해할 수 있다. 대상(겪은 일)을 그냥 보고 지나치느냐, 대상의 내면에 자아를 투입하느냐에 따라 '몸짓'이 되기도 하고 '꽃'이 되기도 한다는 것이다.

똑같이 주어진 상황 속에서도 이를 피상적으로 대하거나 표면적인 이해利害를 따지는 데 그치는 사람이 있는가 하면, 주어진 상황의 내면에 자아를 투입하여 진실에 접근하려는 사람도 있다. 달리 말하면 경험은 육안肉眼으로 대상의 겉모습(몸짓)을 보는 데 그치는 것이라면 체험은 심안心眼으로 대상의 내면을 들여다보는 것이다. 진정한 체험을 하기 위해서는 대상의 내면에 숨어 있는 진실(꽃)을 찾아내기 위한 치열한 노력이 필요하다.

문학은 체험의 기록이다. 온갖 수사를 동원하여 물 흐르듯 다듬어 놓은 문장이라 할지라도 겉치장에 그친다면 그것을 좋은 문학작품이라 할 수 없다. 문체를 문학작품의 주요인으로 평가하는 시대는 지났기 때문이다. 수필에서는 더더욱 그러하다.

박갑순의 수필에는 문장이 수려하다거나 소재나 주제가 색다르다거나 한 게 별로 없다. 그런데도 읽다 보면 가슴이 먹먹해 오거나 콧날이 찡해짐을 느끼게 된다. 그것은 작가가 각박한 현실을 치열하게 극복해 가는 모습을 유별난 장식 없이 진솔하게 그려놓았기 때문이다.

그의 자전적 성격이 강한 〈그 여인이 가는 길〉과 〈또 한 번의 계기〉에는 표면적으로 부정적인 상황을 치열하게 극복해 가면서 표면적 부정을 내면적 긍정으로 바꾸려는 치열한 모습이 드러나 있다.

친구들이 하얀 블라우스에 검정 치마를 입고 중학교로 향할 때 난 남의 집 갓난아이를 등에 업고 들로 젖을 먹이러 다녀야 했다. 여름엔 모내기 작업단에 소속되어 어른 반몫의 품삯을 받고 모내기를 했다. 그때도 틈만 나면 누런 '백노지'로 묶은 연습장에 뭔지 모를 수많은 넋두리들을 풀어놓곤 했다. 나 자신 스스로 감당하기 어려운 현실적 난관에 부딪칠 때마다 목 놓아 우는 대신에 난 내 안에 수줍게 뿌리내려 싹을 틔우고 있는 문학을 들여다봤다. 그와 만나서 내 속내를 털어놓는 시간은 나름의 시름을 잊을 수 있었다. 그 세계엔 시골집 뒤란에 지천으로 널려 있던 이슬 머금은 봉숭아와 채송화가 탐스럽게 피어 있었다. 그 속에서라면 어린 나이에 감당해야 하는 가난의 고통쯤 오독오독 씹어 소화시킬 수 있는 힘이 생겼다.

—〈그 여인이 가는 길〉 중에서

마음속에 간직하고 있을 뿐 아이들 때문에 쉽게 뛰어들지 못하던 직장 생활을 남편의 강권에 내몰려 하게 되었고, 당시에는 아픈 상처를 받았다 생각했던 선배의 홀대가 적성에 맞지 않는 일을 그만두고 다른 일을 찾을 수 있게 했다. 지금 생각하면 이 두 사람이 주부인 나를 직장 생활을 할 수 있게 했거나, 사회 생활에 적응할 수 있게 하는 계기를 마련해 준 셈이다.

흔히 배고픈 계기가 밥을 먹게 하고, 외로움이 친구를 찾게 하고, 성공하고 싶다는 욕망이 우리를 더욱 치열히 살게 하다지 않는가. 내게 문학은 어릴 적부터 막연하게 키워온 꿈이었다. 살아오면서 많은 난관에 부딪치고 자신이 한없이 초라해질 때도 늘 함께 있어 마음 든든한 친구였다.

—〈또 한 번의 계기〉 중에서

〈그 여인이 가는 길〉에는 감당하기 어려운 현실적인 난관에 부딪힐 때마다 좌절하지 않고 문학의 싹을 틔우는 어린 화자의 모습이 드러나 있다. 나아가 문학을 통해 부정적인 상황을 극복하려는 강한 의지가 엿보인다.

〈또 한 번의 계기〉에도 계속되는 부정적인 상황을 문학에 대한 꿈을 놓지 않는 화자의 모습이 선명히 드러나 있다. 원만하지 못한 결혼 생활로 인해 사회에 나와 외판원을 하게 된 그가 믿고 찾아간 선배가 상처를 입혀 첫 직업은 접게 되었지만 그렇다고 거기서 주저앉진 않는다. 오히려 전화위복이 되었다 할까. 소읍의 원로 시인이 원장으로 있는 문화원에서 일하게 된 것이다. 막연하게 꿈꾸어 온 문학에 한걸음 다가서는 계기가 된 것이다.

원장님의 그늘에서 문학의 토양을 다질 수 있었고, 일상적인 대화 속에서 문인으로서의 소양과 양식을 쌓을 수 있었다. 매창의 묘비를 어루만지며 매창이 켜는 거문고 소리가 들리지 않느냐고, 가만히 분묘의 잡초에 귀를 대어 보던 그 모습이 눈에 선하다. 이화우 흩날리는 이 봄날, 그곳에선 평안히 매창의 거문고 소리를 듣고 계시는지.

배꽃은 여전히 피어서 흩날리는데…….

—〈이화우 흩날리는 곳〉 중에서

몇 년 동안 문화원에서 일하면서 원장님을 통해 문학의 바탕을 다질 수 있었고 문인의 자세와 소양을 기를 수 있었다. 그러나 그에 앞서 삶에 대한 바탕과 자세를 다져준 분은 어머니다. 삶을 도외시한 문학은 있을 수 없으니 말이다. 이 두 분은 화자의 삶과 문학에 가장 큰 영향을 준 스승임에 틀림없다.

어머니 병세가 악화되기 몇 년 전, 교통사고로 막냇동생을 잃었다. 동생은 내가 여상을 졸업하던 해 고등학교에 진학했고 난 동생의 학비를 감당했다. 자원입대한 군복무를 마치고 취업을 위해 서울에 올라갔다가 사고를 당했다. 그때 받은 최소한의 보상금을 차마 쓰지 못하고 간직해 두었었다.

수술이 잘되어서 차츰 건강을 회복한 어머니는 알고 있었다. 막내아들 목숨 값으로 제2의 생명을 얻게 된 것을.

지금은 시골에서 혼자 사니 때론 식사도 거를 수 있고, 때론 몸 관리에 소홀할 수도 있을 테지만, 막내아들과 맞바꾼 생명이니 소홀히 살 수 없었던 것 같다. 수술할 때 병원에서 잘하면 5년, 좀 더 잘 관리하면 7년을 살 수 있다 했는데, 10년 넘게 잘 견디고 있다. 말씀은 하지 않지만, 동생의 목숨 값을 하기 위해 더욱 건강관리에 힘쓰리라. 막냇동생은 어머니 가슴에 못을 박고 떠났지만, 그 나름의 값을 한 것이다.

— 〈값〉 중에서

아직은 철부지여도 좋을 딸년이 대학 학비를 염려하면서 학업을 중단했다. 학비 걱정일랑 말고 네 꿈을 펼치라고, 너는 아직 그런 걱정할 때가 아니라고, 빛나는 미래를 설계하는 일에만 신경 쓰라고, 단호하게 말하지 못하는 나는, 소풍날 딸년을 빈손으로 보내고 말없이 뒷모습을 바라만 보던 어머니가 된다. "꽁보리밥 창피해서 싫단 말이야." 어머니 가슴에 비수로 꽂혔을 그 말을 다시 거둬들일 수가 없다. 어머니의 슬픈 얼굴을 보면서도 끝내 맨몸으로 소풍 길에 올랐던 자신이 원망스럽다. 그러나 딸은, 엄마 맘 아플까 봐 학업 중단을 자신의 탓으로 돌린다. 속 깊은 딸을 보면서 철없던 딸이었던 나는 이제야 어머니의 마음을 가늠해본다. 늘 보리밥이라도 배불리 먹일 수 있기를 기도했던 어머니를 생각한다. 자식 위해 평생 구슬땀을 흘렸던 어머니. 늘 죄인의 마음으로 단 한 번도 큰소리 내지 않았던 어머니. 그 어머니의 뱉지 못한 가슴속 말들을 이제야 귀를 세워 듣는다. 그 어머니의 맘으로 말없이 딸을 바라본다.

—〈하얗게 웃는 법〉 중에서

가난은 생활에 불편을 준다. 때에 따라서는 뜻하지 않은 슬픔을 가져다주기도 한다. 여상을 졸업하고 갓 취직하여 받은 급료로 고등학교를 졸업한 막내가 자기의 생활터전을 찾기 위해 상경하여 교통사고를 당한다. 그로 인해 받은 보상금을 차마 쓰지 못하고 간직해두는 화자에게 보상금은 그냥 돈이 아니다. 물려받을 유산이 많은 부자들의 타산이 아니다. 가난이 가져다 준 비극이 꼭 불행으로 마감되는 것은 아니다. 때에 따라서는 부자의 타산으로는 값을 측정할 수 없는 풍요를 선사한다. 문제는 상황을 수용하는 사람의 마음가짐인 것이다.

어머니의 병이 악화되어 수술을 받아야 하는데 달리 융통할 길이 없어 막냇동생 목숨 값을 쓴다. 전답을 사거나 집을 짓거나 자동차를 사려는 엄두도 내지 못하던 막내의 목숨 값을 어머니가 제2의 생명을 얻게 하는 데 쓴 것이다. 퇴원할 때 병원에서는 길어야 7년을 더 살 것이라 예언했지만 어머니는 10년이 넘도록 살아계신다. 막내아들의 목숨 값으로 연장된 생명이라는 것을 알기에 더욱 건강관리를 잘하고 계실 것이라 헤아리는 화자의 심중에는 가난의 불편과 슬픔을 극복한 넉넉함이 자리 잡고 있음을 〈값〉에서 읽을 수 있다.

학비를 걱정하여 스스로 대학을 중퇴한 딸. 그런 상황에서도 학비 걱정일랑 말고 학업을 계속하라고 당당히 말하지 못하는 화자가 떠올린 것은 어머니다. 초등학교 적 꽁보리밥 도시락이 싫어 빈손으로 집을 나서는 딸의 뒷모습을 바라보는 어머니의 심정을 헤아리는 것이다. 자식들을 위해 구슬땀을 흘리면서도 늘 죄인의 마음으로 큰소리 한 번 뱉지 않았던 그 어머니의 가슴속 말에 이제야 귀를 기울이는 화자의 심경을 〈하얗게 웃는 법〉에서 읽을 수 있다.

박갑순은 도시에 있는 잡지사에 취직하면서 그동안 가슴속에서 키워온 문학에 대한 꿈을 실현할 수 있는 계기를 맞게 된다. 소읍에 있을 때 시를 쓰기도 했지만 본격적으로 수필을 접할 수 있는 계기를 맞게 된 것이다.

> 문학잡지를 발간하는 잡지사 가족으로 일하게 되면서 다시 문학을 하고 싶다는 욕망이 피어올랐다. '하계수필대학 세미나'가 내 인생에 또 하나의 계기를 마련해주었다. 아직 수필의 정체를

잘 알지는 못했지만, '하계수필대학 세미나'를 계기로 내 가슴에 내 삶을 진솔하게 드러낼 수 있는 수필에 대한 열정이 활활 타오르기 시작했다.

이후 수필로 등단하여 내 인생의 새로운 장을 펼치게 되었지만 아직도 부족한 게 많아 부끄럽다. 앞으로 열심히 공부하여 수필다운 수필을 쓰는 일이 내게 주어진 과제이다.

—〈또 한 번의 계기〉 중에서

수필의 정체를 알지 못한 채 수필가로 등단한 화자지만 그의 수필에 대한 열정은 누구보다 강열해 앞으로 열심히 공부할 것을 다짐한다. 그래서 궁핍을 무릅쓰고 방송통신대학에 입학하고 유명작가의 수필을 읽고 때에 따라서는 수필을 가르치는 곳을 기웃거리기도 한다.

그러나 그것으로 끝나지 않는다. 일상에서 대하는 모든 것의 겉모습뿐 아니라 내면을 들여다보는 안목의 생성에 힘쓴다. 이는 주체적 인식을 형성함으로써 외형적인 치열성을 내면에 가라앉혀 자아와 대상에 대한 인식을 새롭게 하고자 하는 노력이다. 이 주체적 인식이 알차게 형성되었을 때라야 비로소 진정한 문학인이 될 수 있다. 이 주체적 인식이 빠진 글은 제아무리 매끄럽고 화려한 문체를 과시했다 해도 그것은 잡문에 불과하다. 특히 수필에서는 더욱 그러하다.

마사지를 마치고 오백여 미터 거리의 집에 갈 때에는 화장기 없는 얼굴로 누군가 아는 사람에게 보일까 싶어 깊이 고개를 숙이고 걸었다. 새삼스럽게 보이지 않지만 뭐 하나 내세울 것 없는 내면의 내 모습이 떠올랐다. 겉모습이야 이렇게 피부는 마사지를 받으면 되고, 낮은 코는 성형외과에 가면 되고, 뚱뚱한 몸매는 헬스장에 다니면 될 테지만 빈약한데다가 단순하기까지 한 정신세계는 어떻게 가꾸고 다듬어야 할 것인지 막막했다.

이제 1회 남은 마사지 숍 방문은 내면을 좀 더 가꾸고 다듬은 다음에 해야겠다.

—〈마사지〉 중에서

겉모습보다 내면의 세계를 성찰하며 자아를 다지려는 데 치중하는 이러한 치열성은 수필문학에서 요구하는 필수적인 일면이다. 박갑순의 수필 중에는 〈뚜벅이 인생〉, 〈염색〉 등 다수가 있다. 이 치열성은 자아의 내면을 들여다보는 데 그치지 않는다. 일상에서 부딪히는 사소한 일들에서도 작용한다.

출근길 노란 버스를 만났다. 여자 운전자가 저만큼 앞에서 기다리고 있는 어린아이를 발견하고 차를 멈춘다. 어서 건너가라고 손짓하며 해맑게 웃는 모습이 한 송이 꽃 같다. 아이가 총총 걸어서 노란 버스를 탄다. 아이를 태우고 암탉처럼 뒤뚱거리며 지나가는 차를 한참 동안 바라본다. 어느새 입가에 꽃향기 퍼지듯 노란 웃음꽃이 피어난다. 선한 웃음의 강한 파급력이리라.

(중략)

많은 꽃들 중 웃음꽃보다 아름다운 꽃이 있을까? 소심한 성격 탓에, 적은 액수라는 생각에 선뜻 나누지 못하는 나지만 내겐 웃음꽃이 있다. 매순간 누구에게라도 환한 웃음을 나누리라. 무례하게 운전하는 사람을 만나도, 무단 횡단하는 사람 때문에 급정거를 해야 할 때도, 그 운전자처럼 먼저 웃어 주리라. 초록 나무들로 가득한 저 산처럼 온 세상이 웃음꽃 만발했으면 좋겠다.

—〈웃음꽃〉 중에서

낯 찡그릴 일이 허다한 일상에서 어린이 통학용 노란 버스의 여자 운전자가 보여준 배려와 해맑은 웃음은 무더위 속에서 맛보는 청량제였을 것이다. 그를 대하면서 화자는 자신을 돌아봄과 동시에 해맑은 웃음을 찾아보기 힘든 세상이 웃음꽃이 만발한 세상으로 변하기를 바란다. 강한 자의 갑甲질에 웃음을 잃은 을乙들이 많은 세태를 에둘러 비판한 것이다.

새로 들인 차를 주차장에 며칠을 두고도 차마 6681에게 이별을 고하지 못했다. 그동안 버스 통근을 했으나 며칠은 6681과 마지막 정을 나누기 위해 자가용 통근을 했다. 폐차장에 보낼 용기가 나지 않았다. 단골 카센터에 맡기기로 했다.

그와 헤어져야 하는 날 벚꽃이 만개한 나무 밑에 주차했다. 점심시간 틈을 내어 의자에 깊숙이 몸을 기댔다. 심호흡을 하면서 6681의 체취를 음미했다. 고마웠다. 그동안 수고 많았다. 더 많이 아끼고 사랑해주지 못해서 미안하다. 이제 영원히 사라져갈 나의 6681이여! 너와의 행복했던 추억 잊지 않으마.

—〈안녕 6681〉 중에서

'6681'은 폐차할 수밖에 없는, 화자가 몰던 차의 번호다. 외형적으로 강한 자는 약자를 경시하지만 내면적으로 강한 자는 약한 자를 중시하는 경향이 있다. 고장이 잦아 괴로움을 많이 준 애물단지이기도 했을 것이다. 그런 차를 폐차장에 보내야 하는 화자의 마음은 마치 가깝게 지내던 친구나 피를 나눈 동생과 이별하는 듯한 애틋함으로 차 있다. 감정이입을 시킨 표현이 애틋함을 더한다. 이제 못쓰게 된 폐차에게 인간적인 애정을 쏟는 화자의 모습은 인간성을 상실해 가는 현대인에게 전하는 강한 경고의 성격을 띠고 있다.

가족들에게도 평범한 남편으로 아빠로, 큰 불만을 주는 사람은 아니었지만, 1등 신랑, 1등 아빠는 아니었다고 회상했다. 말씨로나 풍기는 이미지로나 그분의 말에서 진실이 느껴졌다. 누구에게 몹쓸 짓 하고 살 사람 같지는 않았다. 이제 지천명을 넘고 보니 단 한 번도 정상에 서보지 못했다는 것이 회한으로 남는다 했다.

힘겹게 수왕사에 올라 약수 한 모금 마시고 사진촬영을 부탁했다. 딸과 함께 처음으로 오른 곳이다. 간간이 모악산에 갔지만, 늘 대원사에서 돌아내려오곤 했다. 내게 오늘 산행은 정상에 오른 거나 다름없다.

"어이, 난 오늘 기어이 정상에 오르고 말 것이네." 같이 산에 오르다 하산한 일행에게 그는 다짐했다.

하산을 서두르는 우리에게 손을 흔들어 보이고 그는 정상을 향해 출발했다.

—〈정상〉 중에서

정상頂上은 어떤 분야의 맨 꼭대기, 곧 우두머리를 뜻한다. 정계政界에서 정상은 대통령일 것이며 재계財界에서 정상은 대기업의 회장일 것이다. 그러나 〈정상〉에서 드러내고자 하는 정상은 그런 외면적인 것이 아니다.

산행 초보인 모녀가 모악산 등산 중에 허약해 보이는 남자를 만나 동행하게 된다. 그 남자는 지금까지 그저 평범한 남편이요, 아빠였을 뿐 한 번도 1등 남편, 1등 아빠가 아니었다는 회한을 토로한다. 화자의 모녀로서는 처음 오른 수왕사에서 여기가 정상이라 생각하며 하산하기로 한다. 남자는 먼저 하산한 친구에게 전화를 걸어 '오늘은 꼭 정상에 올라보겠노라' 다짐한다. 화자나 그 남자에게 정상은 외면적인 것이 아니다. 늘 조금은 모자란다고 생각하는 자기 삶의 내면적인 공간을 채우는 일이다.

〈정상〉은 화자 내면의 갈망을 타인의 이야기를 통해 드러내어 부정적인 상황에 몰려 있으면서도 포기하거나 좌절하지 않고 뚜벅뚜벅 걸어 나가려는 의지를 형상화한 수필이다.

다리가 서서히 팍팍해옵니다. 걸을 만큼 걸었다는 증거입니다. 하늘의 별들이 내려와서 벤치에서 놉니다. 달도 따라 내려왔네요. 운동하던 사람들은 이미 들어 가버렸습니다. 물론 그들이 들어갈 때까지 기다렸지요. 그러니 한두 바퀴는 평소보다 더 걸었지요. 별 사이를 비집고 엉덩이를 살짝 걸쳐봅니다.

온종일 걸어온 내 생활이 쭈욱 영상처럼 펼쳐집니다. 종종걸음 쳤던 조바심들이 이제야 평화로워집니다. 고단한 다리 쉬게 해주는 벤치처럼 내 복잡한 맘 부릴 벤치 하나 찾기 위해 오늘도 종일 서성거렸는지 모릅니다. 한참을 별과 달 생각하며 앉았습니다. 가만히 일어나 바라봅니다.

그는 밤새 혼자 하늘을 지키겠지요. 누구라도 편히 쉬어갈 수 있는 안락의자가 되기 위해 기원하고 있을 겁니다. 비록 딱딱한 나무 조각 몇 개 이어 만들어진 몸이지만, 고단한 사람들에게 내어주는 마음은 솜털구름이겠지요.

내일도 또 내일도 이렇게 품 넓은 벤치 주변을 걷다 보면 나의 속도 조금은 넓어지겠지요. 어서 오늘과 작별하고 새로운 내일을 맞이하렵니다.

—〈그에게 묻다〉 중에서

그는 공원 산책로에 설치된 벤치다. '그'는 주로 '그 일', '그 벤치'에서처럼 사물을 가리키는 근칭지시관형사로 쓰이거나, 화자와 청자가 아닌 사람을 가리키는 삼인칭대명사로 쓰이는 단어이다. 그러나 〈그에게 묻다〉에서 '그'가 가리키는 것은 사물이나 사람을 초월한다. 산책객들이 모두 돌아가 한적한 공원에 놓인 벤치는 하늘의 별과 달은 물론이고 누구라도 앉아 편히 쉴 수 있는 솜털 같은 곳이다. 화자가 노쇠한 어머니와 대학을 포기한 딸에 대한 걱정과 일상에 지친 몸과 마음을 부려놓고 편안히 쉴 수 있는 곳이다. 그래서 미리 내려와 앉은 별들 사이에 엉덩이를 살짝 걸쳐본다.

별들 사이에 엉덩이를 살짝 걸치는 화자의 의도는 조심스럽게 자연에 접근하여 일상에 지친 몸을 쉼과 동시에 삶이 주는 고단함에 찌든 마음을 순화시켜 활기찬 내일을 맞으려는 데 있다.

바람 앞에 속수무책 흔들리는 꽃들이 맥없이 세상에서 일탈 경로에 놓여버린 환자들 같다. 거울을 통해 보이는 내 모습 같다. 난 내 자리에서 그저 묵묵히 봄엔 맑은 꽃을 피우고 겨울엔 꽃 피울 준비하며 지내왔건만 병마의 수렁에 빠져버렸다. 이리저리 흔들리는 나무들이 암 선고 받던 날의 나처럼 처량하다. 모든 약한 것들이 내 몸인 양만 싶다.

목련의 꽃망울에 유독 맘이 닿는다. 한 아파트에서 10여 년을 살 때, 화단에 많이 서 있는 목련을 벗하며 지낸 이유인지 까닭 없이 목련이 좋았다. 특히 하얀 목련을 좋아한다. 그러나 맥없이 떨어질 때, 떨어져서 바닥에 버려졌을 때의 모습은 왠지 마음을 아리게 했다. 지금 맺은 목련 망울은 어떤 빛깔의 꽃을 피워낼지는 모르겠다. 저 여린 망울이 되기까지 얼마나 긴 아픔의 강을 건너왔을까. 내가 갑자기 암 선고를 받고 오늘처럼 다시 세상을 걸을 수 있을지 없을지 가늠할 수 없는 시간을 건너 여기 있듯이. 이제 바람아 멈추어라. 여린 꽃망울 꽃 못 터트리겠다. 네가 멈추어야 내 삶에 휘몰아친 바람도 멎을 것이다. 활기찬 목련꽃이 자태를 드러내는 날 나 또한 툴툴 털고 삶의 이랑을 힘차게 달릴 수 있으리라.

—〈꽃망울 떨어질라〉 중에서

뜻하지 않은 암 선고로 수술을 받은 화자가 길고 어두운 생사의 터널을 지나 지금은 회복 중이다. 재활을 위해 걷다가 우연히 발견한 작은 수목원에 들어서 세찬 꽃샘바람을 온몸으로 견디고 있는 수목들을 본다. 그중에서도 친근감이 가는 목련의 꽃망울에 마음이 쓰인다. 아직 꽃도 피우지 못했는데 차가운 바람에 떨어질까 걱정인 것이다. 그러나 꽃샘바람은 꽃을 피우기 위한 통과의례 같은 것. 이제 조금만 지나면 목련은 꽃망울 터뜨려 그 화사한 자태를 뽐낼 것이 분명하다. 화자는 꽃샘바람에 시달리는 목련 꽃망울을 병마와 싸우는 자기로, 꽃망울을 터뜨려 활짝 필 목련꽃을 병이 완치될 자기로 대입시키고 있다. 겉으로는 병이 완쾌되어 활기찬 생활을 되찾게 될 것이라는 믿음의 표현이지만 내면적으로는 부정적 상황을 주체적으로 극복하여 긍정적 상황으로 변화시키려는 강한 의지의 표현이기도 하다.

모든 문학은 인생의 기록이라고들 한다. 그러나 살아가면서 남기는 모든 기록이 다 문학이 되는 것은 아니다. 그래서 문학은 인생의 재구성이라고도 한다. 살아가면서 겪고, 생각하고, 느낀 것들을 작가의 재량에 의하여 다시 짜놓은 것이라는 말이다. 있는 그대로가 아니라 다시 짜놓는 데는 철학적 사유와 예술성이 요구된다. 이 철학적 사유와 예술성이 결여된 글은 문학일 수 없다.

그림은 누구나 그릴 수 있다. 도화지와 연필과 물감만 있으면 유치원생이든 노인대학생이든, 무슨 일에 종사하는 사람이든 그릴 수 있다. 그렇다고 그림을 그린 사람이 다 미술가는 아니다. 미술가이기 위해서는 그리고자 하는 대상에 그림을 그리는 사람의 철학적 사유와 예술적 기교를 결합하여 자기만의 세계를 표출해낼 수 있어야 한다. 구도, 데생, 채색을 통해 작가의 내면세계를 표출할 수 있게 몸에 배어 있어야 한다는 말이다. 이것 없이 대상의 외향만 그럴 듯하게 그려 놓는 이는 미술가가 될 수 없다.

글도 누구나 쓸 수 있다. 특히 수필은 누구나 쓸 수 있는 글이라 착각하는 경우가 허다하다. 자기가 겪은 일, 잘 아는 사람, 메스미디어를 통해 얻은 것, 책에서 읽은 것들의 외형을 잘 다듬어진 문장으로 써놓으면 수필이 된다고 생각하는 사람이 많다. 체험을 재구성하여 그 안에 자기만의 생각이나 느낌을 담아 묘사, 서사, 유추 등의 방법에 의하여 문학적으로 표현해 놓았을 때 비로소 수필이 되는 것이다. 쇼펜하우어가 말한 '문체(글)는 마음의 얼굴이다.' 는 그대로 수필에 적용할 수 있다.

어릴 적부터 지금에 이르기까지 박갑순에게 부여된 상황은 부정적이었던 것으로 보인다. 이 수필집에는 이 부정적인 상황을 주체적으로 극복하여 긍정적인 상황으로 바꾸기 위해 치열하게 살아오면서 얻은 체험으로 가득하다. 여기서 얻은 체험은 앞으로 박갑순이 좋은 수필을 쓸 수 있는 자양이 될 것이다.

거제도 해금강에는 바위 절벽에 의연히 서 있는 소나무가 있다. 사람들은 이를 '천년송千年松' 이라고 하고 해금강을 지키는 '수호송守護松' 이라고도 한다. 이는 그 생명이 단기적인 것이 아니며 그 가치가 경제성으로 가름할 수 없는 것임을 의미한다. 좋은 환경에서 쑥쑥 자라 궁궐의 기둥으로 쓰였다는 '금강송金剛松' 에 비할 바가 아니다.

박갑순 수필집
꽃망울 떨어질라

인쇄 2015년 09월 15일
발행 2015년 09월 18일

지은이 박갑순
발행인 서정환
펴낸곳 신아출판사
주소 전북 전주시 완산구 공북 1길 16(태평동)
전화 (063) 275-4000, 252-5633
팩스 (063) 274-3131
이메일 sina321@hanmail.net
출판등록 제465-1984-000004호
인쇄 · 제본 신아출판사

ISBN 979-11-5605-261-6 03810
값 12,000 원

「이 도서의 국립중앙도서관 출판예정도서목록(CIP)은 서지정보유통지원시스템 홈페이지(http://seoji.nl.go.kr)와 국가자료공동목록시스템(http://www.nl.go.kr/kolisnet)에서 이용하실 수 있습니다.(CIP제어번호: CIP2015025539)」

Printed in KOREA

• 이 책의 발간비 일부는 전라북도 문예진흥기금의 지원을 받았습니다.